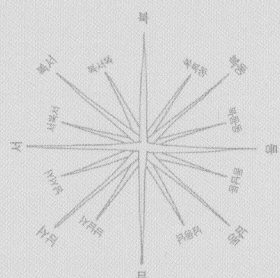
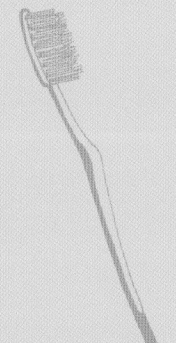
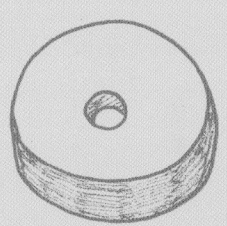
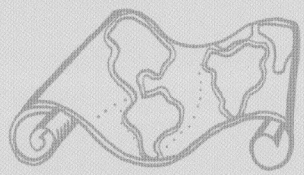
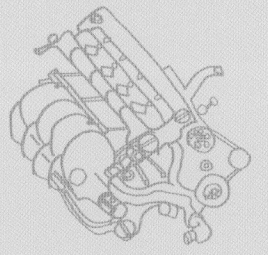

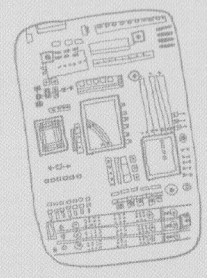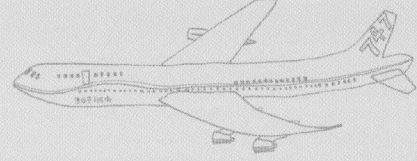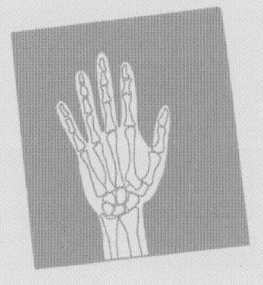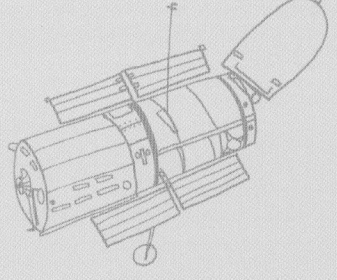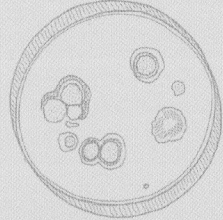

초등학생을 위한 지식습관 17
발명 30
INVENTIONS

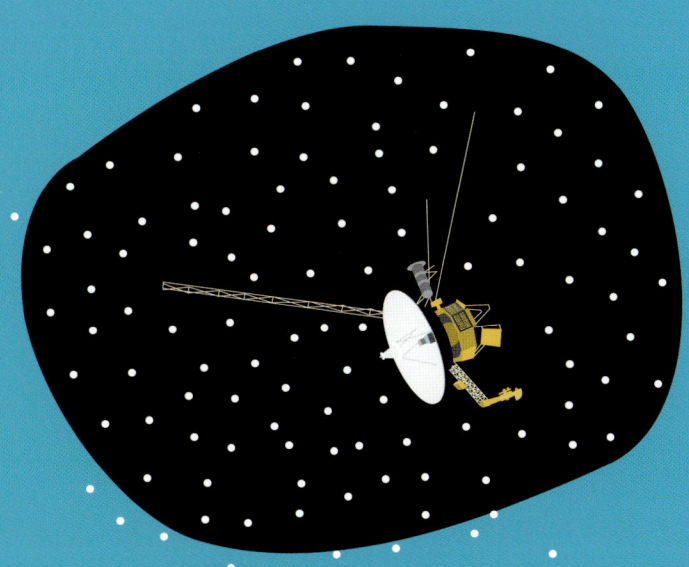

글 마이크 골드스미스
영국 킬 대학교에서 천체물리학 박사 학위를 받은 과학자이자, 어린이를 위한 과학책을 쓰는 작가다. 어벤티스 과학상(Aventis Prize for Science) 청소년 부문 후보에 두 차례나 올랐으며 이 외에도 50권이 넘는 과학책을 출간했다. 우리나라에도 『내 똥은 어디로 갔을까?』, 『신통방통 오! 감각』, 『생각번뜩 아인슈타인』, 『별별생각 과학자들』, 『재미있게 읽는 수학개념』, 『수학천재』, 『초등학생을 위한 지식습관02 우주30』 등이 출간되었다.

그림 크리스 앤더슨
영국의 그래픽 디자이너이자 일러스트레이터로, 오래된 것에서 영감을 받은 독특한 작품들이 다양한 매체에 소개 되었다.

옮김 송지혜
부산대학교에서 분자생물학과 일어일문학을 전공하고, 고려대학교에서 과학언론학으로 석사학위를 받았다. 제1회 밀크T 창작동화 공모전에서 과학 동화 부문 은상을 수상했으며, 어린이를 위한 과학책을 쓰고 옮기는 일을 하고 있다. 쓴 책으로 『초등학생이 딱 알아야 할 첨단과학 상식 이야기』, 『자연을 담은 색, 색이 만든 세상』, 『디지털이 종이를 삼키면, 지구 온도는 내려갈까?』 등이 있고, 옮긴 책으로 『알기 쉬운 원소도감』, 『초등학생이 알아야 할 바다 100가지』, 『10대를 위한 최신 과학: 드론』, 『초등학생을 위한 지식습관03 과학 개념30』 등이 있다.

감수 이정모
전 국립과천과학관 관장으로 연세대학교 생화학과를 졸업하고, 같은 학교 대학원에서 석사학위를 받았다. 서대문자연사박물관 관장, 서울시립과학관 관장으로 재직하였으며 2019년 과학의 대중화에 기여한 공로로 과학기술훈장 진보장을 받았다.
지은 책으로 『저도 과학은 어렵습니다만』, 『과학자를 울린 과학책』(공저), 『공생 멸종 진화』, 『바이블 사이언스』, 『달력과 권력』, 『그리스 로마 신화 사이언스』, 『삼국지 사이언스』(공저), 『과학하고 앉아 있네1』(공저), 『해리포터 사이언스』(공저) 외 다수가 있고 옮긴 책으로 『인간 이력서』, 『매드 사이언스 북』, 『모두를 위한 물리학』 외 다수가 있다.

초등학생을 위한 지식습관 ⑰

발명 30
INVENTIONS

글 마이크 골드스미스 | 그림 크리스 앤더슨 | 옮김 송지혜 | 감수 이정모

차례

세상을 바꾼 놀라운 발명들 6

편리한 세상 8
1 직조기 12
2 주판 14
3 중앙난방 16
4 수세식 변기 18
5 전구 20
6 인공 섬유 22

통신 24
7 문자 28
8 인쇄 30
9 전화 32
10 무선 통신 34
11 인터넷 36

교통수단 38
12 바퀴 42
13 나침반 44
14 범선 46
15 증기 기관차 48
16 자동차 50
17 지행기 52
18 우주선 54

새로운 발견 56
19 망원경 60
20 엑스선 62
21 컴퓨터 64
22 인공위성 66

의학 68
23 백신 72
24 마취제 74
25 항생제 76
26 인공기관 78

산업 80
27 트랜지스터 84
28 원자로 86
29 레이저 88
30 로봇 90

지식 플러스
이 책에 나온 발명가들 92

세상을 바꾼 놀라운 발명들

우리 주변을 둘러보면 수많은 발명품을 찾을 수 있습니다. 만약 이 발명품들이 없었다면 우리는 지금처럼 편리한 생활을 누릴 수 없었을 것입니다.

발명품들은 누군가의 필요에 의해 만들어진 것입니다. 이 책도 누군가가 인쇄기를 발명한 덕분에 만들어질 수 있었습니다. 또한 그전에 누군가 글자, 종이, 잉크 등을 발명한 덕분이기도 하답니다.

발명품의 대부분은 오랜 시간, 많은 사람의 손을 거쳐서 만들어진 것들이 많습니다. 누군가 처음 떠올린 아이디어에서 실제로 사람들이 쓰는 완성품이 되기까지는 수백 년이 걸리기도 하고, 여러 명의 발명가가 힘을 합치기도 합니다.

한두 세기 전만 해도 아이디어를 다른 사람들에게 빼앗기는 발명가도 적지 않았습니다. 다행스럽게도 지금은 발명가들을 위한 발명이 만들어졌습니다. 바로 '특허'입니다. 발명품에 대한 특허는 특허청에 신청하면 됩니다. 그러면 특허청은 특허를 신청한 발명품이 이미 발명되어 있지는 않은지 확인하고, 다른 사람이 그 아이디어를 훔쳐서 이익을 얻지 못하도록 막는 일을 합니다.

역사적으로 많은 발명가는 그저 멋진 아이디어를 떠올렸고, 그것을 따라 움직였을 뿐입니다. 그러니까 여러분도 발명가가 될 수 있습니다!

이 책은 사람들의 생활을 바꾼 세계 최고의 발명품 30가지를 소개하고 있습니다. 바퀴, 나침반, 비행기, 전기, 전자파, 컴퓨터, 인터넷, 백신, 로켓 등의 발명에 얽힌 흥미로운 이야기를 알아봅시다.

편리한 세상

고대에는 자연에서 얻을 수 있는 것들을 이용하여 좀 더 편리한 생활을 누리고자 했습니다. 나뭇가지를 엮어서 사람이 휴식을 취하거나 몸을 숨길 은신처를 만들고, 조개껍데기에 물을 담아 마시고, 동물의 가죽으로 옷을 만들어 입었습니다.

문명이 발전하면서 직조기, 수세식 변기, 중앙난방, 전구 등이 발명되었습니다. 이런 발명품 덕분에 오늘날 우리는 더욱 더 편안한 생활을 누리고 있답니다.

편리한 세상
읽기 전에 알아두기

나일론 최초의 인공 섬유 중 하나. 처음에는 비단을 대체할 목적으로 만들었다.

날실 직기에서 세로 방향으로 놓인 실. 씨실이 위아래로 통과하며 직물이 만들어진다.

단열 물체와 물체 사이에 열이 서로 통하지 않도록 막는 것.

리넨 아마의 껍질에서 나온 실로 짠 얇은 직물. 오늘날에도 사용된다.

보일러 배관과 펌프를 이용하여 필요한 곳에 온수를 내보내는 장치.

산업 혁명 18세기 후반부터 약 100년 동안 증기 기관의 발명으로 운송과 생산 기술이 크게 발달하여 생긴 변화.

생분해 환경에 피해를 주지 않고 미생물에 의해 자연스럽게 분해되는 것.

석유 땅속에서 발견되는 불에 타는 기름. 연료로 쓰거나 플라스틱 등을 만드는 재료로 사용된다.

세균 현미경으로만 볼 수 있는 아주 작은 생물. 질병을 일으키기도 한다.

씨실 직조기에서 가로 방향으로 놓인 실. 날실과 겹쳐지면서 직물이 만들어진다.

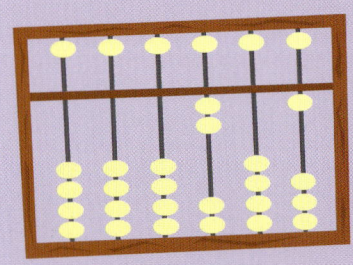
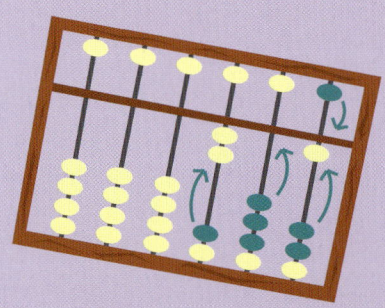
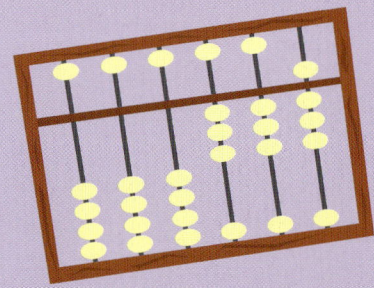

아궁이 연료를 때는 장소. 건물에 열을 공급하기 위해 사용되기도 한다.

아마 마과의 한해살이풀. 고대 이집트 때부터 껍질의 섬유로 리넨 따위의 천을 짜기 시작했다.

에너지 일을 할 수 있는 힘. 전기, 방사능, 열, 빛, 소리는 모두 에너지 종류다.

요강 수세식 변기가 발명되기 전에 똥과 오줌을 담았던 통.

주판 셈을 할 때 사용하는 기구.

직물 면처럼 얇게 짠 부드러운 천.

직조기 직물을 짜는 기계.

필라멘트 전기가 통과할 때 밝게 빛나는 가는 금속 선. 백열 전구 안에 들어 있다.

하수구 빗물이나 더러운 물이 흘러 내려가도록 만든 도랑.

자동 온도 조절기 특정 온도에 도달하면 작동하는 자동 스위치의 한 종류. 방이 어느 정도 추워지면 난방 시스템이 저절로 켜지도록 하는데 많이 사용된다.

형광등 가스로 채워진 전구. 전기가 통하면 내부 표면에 빛이 난다.

한눈에 보는 지식
1 직조기

오래전부터 사람들은 천을 짜서 옷을 만들어 입었습니다. 그런데 직물을 짜려면 먼저 실이 있어야 합니다. 실을 발견하기 전까지 사람이 입을 수 있는 것은 오직 동물의 가죽뿐이었습니다.

약 6000년 전, 어떤 사람이 식물이나 동물의 섬유가 빙빙 꼬여서 길고 강한 가닥, 즉 실이 된다는 사실을 발견했습니다. 처음 만들어진 실은 '아마'라는 식물의 껍질로 실을 만들었을 거예요. 그 후 목화솜, 누에고치, 양털 등으로 실을 만들 수 있게 됐습니다.

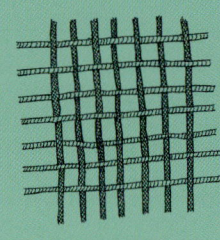

실로 어떻게 직물을 짤 수 있게 됐을까요? 그것은 직조기 덕분입니다. 직조기는 고대 이집트에서 발명된 것으로 알려져 있으며, 전 세계로 퍼져 나갔습니다.

18세기에는 큰 직조기를 여러 대 조립하여 직물을 짜는 방직 공장이 생겼습니다. 19세기에는 증기의 힘으로 움직이는 훨씬 더 큰 직조기로 직물을 생산했고, 20세기에는 전기의 힘을 이용하여 직조기로 직물을 생산하고 있습니다.

한줄요약
직조기는 씨실과 날실이 서로 위아래로 교차하면서 직물을 짭니다.

직물 짜기
준비물 색이 다른 색종이 2장, 가위, 풀
실험 방법
① 색이 다른 색종이를 각각 1cm 간격으로 길게 자릅니다.
② 색이 다른 색종이 조각들을 씨실과 날실처럼 교차하도록 합니다.
③ 끝을 풀로 붙여 가며 정사각형 모양을 만들어 봅니다.
④ 조각을 더 가늘게 잘라 엮어 보세요.

수천 년 동안 직물은 거의 비슷한 방식으로 만들어져 왔다.
식물의 껍질이나 동물의 털을 꼬아 실을 만들고,
그다음에 직조기에 실을 걸어 직물을 짠다.

양의 털을 깎아 깨끗이 씻은 다음, 염색하고 기다란 실을 뽑아 낸다.

북을 이용해 씨실을 날실 위아래로 통과시켜 직물을 짠다.

날실
(빨간색)

씨실
(파란색)

북

철사나 끈으로 만든 잉아는 날실을 벌려 주어 북이 쉽게 그 위아래를 통과하도록 만든다.

오늘날 대부분의 직조기는 전기를 이용해 자동으로 움직이기 때문에 빠른 속도로 직물을 짤 수 있으며 복잡한 문양도 쉽게 만든다.

13

한눈에 보는 지식
2 주판

아주 오래전에는 사람들이 간단한 수를 계산할 때 암산을 하거나 손가락을 썼습니다. 사람과 사람 사이에 거래가 늘어나면서 점점 큰 수를 계산할 일이 생겨났습니다. 큰 수는 암산을 하거나 손가락을 이용해 계산하기 어려웠습니다. 이 때문에 계산을 하는 주판이 발명됐습니다.

주판이 만들어진 초기에는 모래 위에 몇 개의 홈을 내고 그 안에 돌멩이를 놓은 형태였을 거라고 추측합니다. 각 홈은 다른 자릿수를 나타냅니다. 첫 번째 홈은 '백', 두 번째는 '십', 세 번째는 '일'을 뜻했지요. 홈에 돌을 놓아 숫자를 기록했고, 돌을 이곳저곳으로 움직여서 셈을 할 수 있었습니다.

오늘날과 비슷한 모양의 주판은 약 2000년 전에 중국에서 발명됐습니다. 주판은 수천 년 동안 사용되었는데, 지금도 볼 수 있습니다. 17세기에 기계식 계산기가 나타났고, 1970년대에는 전자 계산기와 컴퓨터 등이 등장했습니다.

한줄요약
주판은 여러 가지 계산을 해 주는 최초의 발명품입니다.

주판 만들기

준비물 두꺼운 종이 한 장(30cm×20cm), 20cm 길이의 끈 6개, 구멍 뚫린 구슬 30개, 접착테이프, 30cm 자

실험 방법
① 종이 가운데 부분을 잘라내어 액자처럼 테두리를 만듭니다.
② 각각의 끈에 다섯 개의 구슬을 꿰어 한쪽 끝은 액자 아랫부분에, 다른 한쪽은 액자 윗부분에 테이프로 붙여 고정합니다.
③ 각 끈에서 네 개의 구슬은 아래로, 다른 하나의 구슬은 위로 밀어 넣습니다.
④ 테두리에 가로로 접착테이프를 붙여 구슬들을 분리합니다.

주판은 1과 5로 센다.
가름대 위의 구슬은 5, 가름대 아래 구슬은 1로 계산한다.

주판에 놓인 수를 가름대에 닿아 있는 1의 자리와 5의 자리의 수를 센다.
이 주판이 나타내는 수는 1,352,964,709이다.

5 (구슬 하나)

가름대

1 (구슬 하나)

십억 일억 천만 백만 십만 만 천 백 십 일

장사를 하는 사람들은 수천 년 동안 주판으로 계산했다. 아래의 예는 더하기를 하는 방법이지만 주판으로도 뺄셈, 나눗셈, 곱셈도 할 수 있다.

201 + 137 = 338

한눈에 보는 지식
3 중앙난방

중앙난방은 건물 한 곳에서 불을 때고 이때 나온 열로 건물 전체를 데우는 방식입니다. 우리나라의 온돌도 중앙난방의 한 종류입니다. 유럽에서는 중앙난방을 사용하는 건물이 매우 드뭅니다.

유럽의 중앙난방은 기원전 200년경, 로마에서 처음 만들어졌습니다. 로마 사람들은 집을 지을 때 바닥 밑과 벽 뒤에 빈 공간을 두었고, 아궁이에 불을 땔 때 나오는 뜨거운 공기와 연기가 이 공간을 지나며 밖으로 빠져나가도록 했습니다.

로마 시대 이후, 유럽에서는 중앙난방 방식으로 집을 데우지 않게 되었습니다. 산업 혁명 이후에야 증기로 공기를 따뜻하게 데우는 라디에이터가 만들어졌습니다. 1950년대에는 가정에서 사용할 수 있을 정도로 작고 안전한 보일러가 발명됐습니다. 보일러에서 나온 온수는 배관을 통해 라디에이터로 가고, 이곳에서 열이 방출되면서 방이 따뜻해집니다. 유럽에서는 지금까지도 라디에이터로 집 안을 따뜻하게 만듭니다.

한줄요약
로마 시대에는 중앙난방 방식으로 집을 데웠습니다.

단열 실험

준비물 뚜껑 달린 병 2개, 뚜껑 2개, 입지 않는 겨울옷, 온도계

실험 방법
① 병에 조금 뜨거운 물을 채우고 뚜껑을 닫습니다.
② 병 한 개는 겨울옷으로 감쌉니다.
③ 20분 뒤 온도계로 두 병에 있는 물의 온도를 재 봅니다.

⇢ 겨울옷으로 감싼 물의 온도가 더 높을 것입니다. 겨울옷이 병에서 열이 빠져나가는 것을 막기 때문입니다. 보일러의 온수 파이프 주위에 단열을 해서 따뜻함이 오래 유지되도록 합니다.

한눈에 보는 지식
4 수세식 변기

옛날 사람들은 똥이나 오줌 같은 배설물을 어떻게 처리했을까요? 부자들은 집안에서 요강 등에 볼일을 보았지만, 요강의 배설물은 아무데나 버렸습니다. 가난한 사람들은 야외에서 볼일을 보았습니다.

강이나 길거리에 버린 배설물은 여러 가지 문제를 일으켰습니다. 배설물에서 아주 고약한 냄새가 날 뿐만 아니라 배설물에는 질병을 일으키는 수많은 세균이 가득했기 때문입니다.

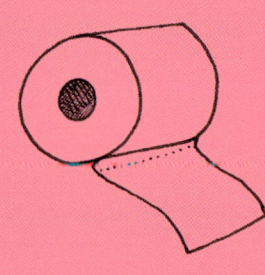

1597년, 영국의 존 해링턴이 수세식 변기를 처음으로 발명했습니다. 배설물이 물에 씻겨 내려가게 처리하는 변기였지요. 존 해링턴이 만든 수세식 변기는 단 두 개뿐이었습니다. 그의 발명품을 처음 이용한 사람은 영국의 엘리자베스 1세였습니다. 하지만 안타깝게도 수세식 변기에서는 여전히 고약한 냄새가 났으며, 세균이 가득한 배설물을 처리하는 문제를 해결하지 못했습니다. 이 문제는 19세기에 화장실을 깨끗이 비워 주는 하수구가 등장하면서 해결되었습니다.

S-트랩을 이용하여 냄새를 막아 주는 수세식 변기가 등장하는 데까지는 약 200년이 더 걸렸습니다.

한줄요약
수세식 변기는
영국의 존 해링턴이
처음 발명했습니다.

화장실용 휴지는 언제 발명됐을까?

세계 여러 나라에서, 다양한 시기에 다양한 물건으로 사람들은 볼일을 본 뒤에 엉덩이를 닦았습니다. 예를 들면 천, 물, 눈, 돌, 막대기에 붙인 스펀지, 깨진 항아리, 조개껍데기 등이었지요. 19세기에는 화장실용으로 헌 신문지가 인기가 있었습니다.
오늘날 많은 사람이 쓰는 화장실용 휴지는 1857년에, 두루마리 휴지는 1880년대에 미국에서 판매되기 시작했습니다.

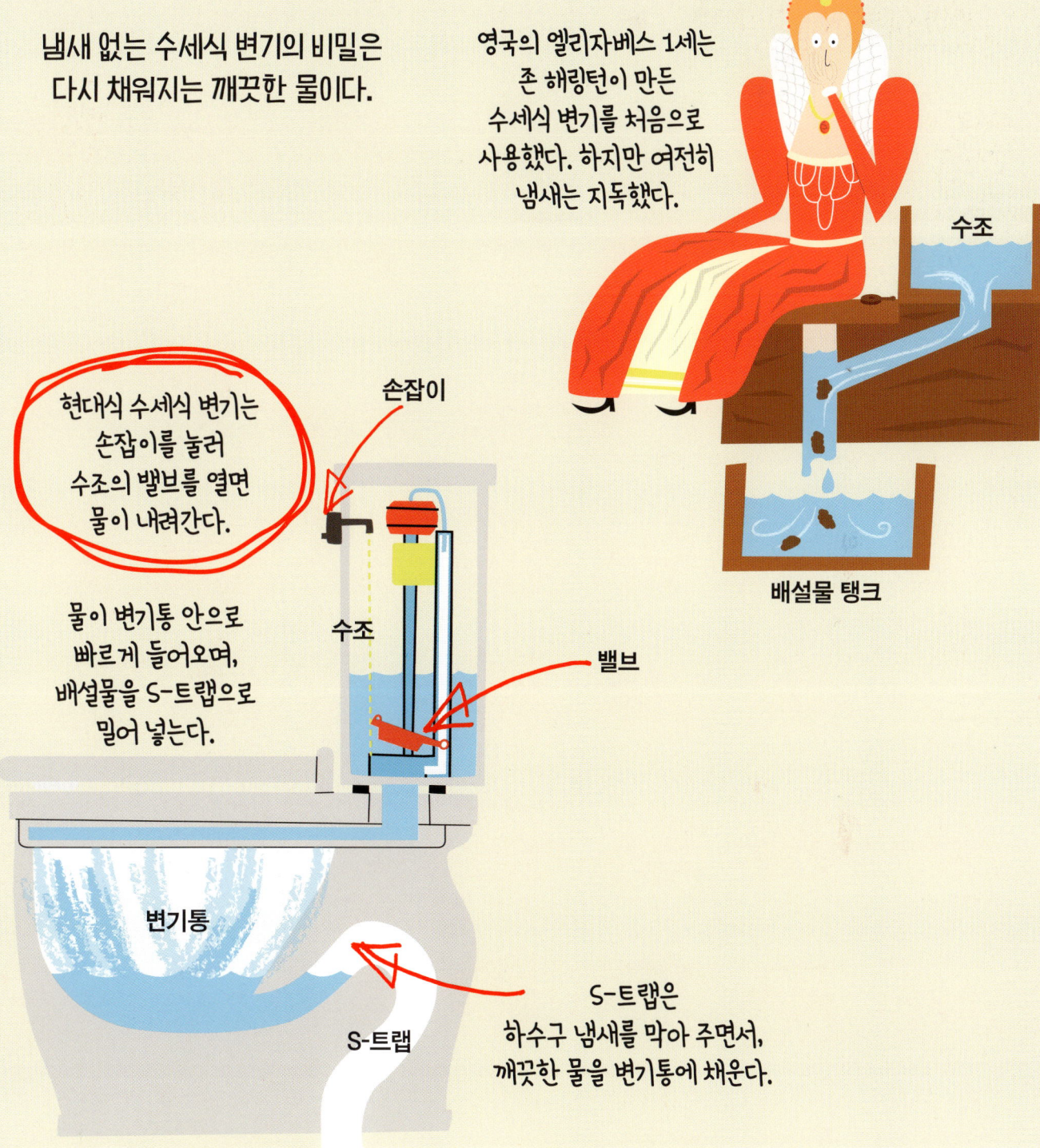

한눈에 보는 지식
5 전구

아주 오래전에 사람들은 어둠을 밝히기 위해 양초, 기름 램프, 호롱불, 가스등 등을 사용했습니다. 전구가 발명된 뒤에야 사람들의 생활은 많이 바뀌었습니다. 해가 진 후에도 밝은 곳에서 생활하고 일할 수 있게 된 것입니다. 스위치를 딸깍 켜는 것만으로도 말이지요.

전구는 1870년대 미국의 발명가인 토머스 에디슨이 생각해 냈습니다. 같은 시기에 영국의 조지프 스완도 같은 생각을 했습니다. 전구의 원리는 간단합니다. 전구 안에 있는 빛을 내는 실처럼 가는 금속 선인 필라멘트에 전류를 흘려 열과 빛이 나게 하는 것이지요. 전구를 만들 때 가장 힘든 것은 필라멘트가 빨리 끊어지지 않도록 하는 것이었습니다. 그 문제는 전구 안을 진공 상태로 만듦으로써 해결했습니다. 공기가 없으면 필라멘트가 타지 않기 때문입니다.

오늘날에는 필라멘트가 들어 있는 전구는 거의 없습니다. 1926년에 특별한 가스가 들어 있는 형광등이 발명되었기 때문입니다. 형광등은 열이 적게 나며, 백열등보다 훨씬 오래갑니다.

한줄요약
전구는 전류가 필라멘트에 열과 빛을 만들어 냅니다.

풍선으로 형광등에 불 켜기
준비물 풍선, 형광등 1개, 털스웨터, 도와줄 어른 1명
실험 방법
① 풍선과 형광등을 가지고 어두운 방에 들어갑니다.
② 풍선을 털스웨터 위에 올리고 60번 정도 빠르게 비벼 정전기로 충전해 봅니다.
③ 풍선을 형광등에 갖다 대면 어슴푸레 빛이 납니다.
⋯▶ 정전기 때문에 빛이 나는 것으로, 형광등이 전기로 빛을 낸다는 것을 알 수 있습니다.

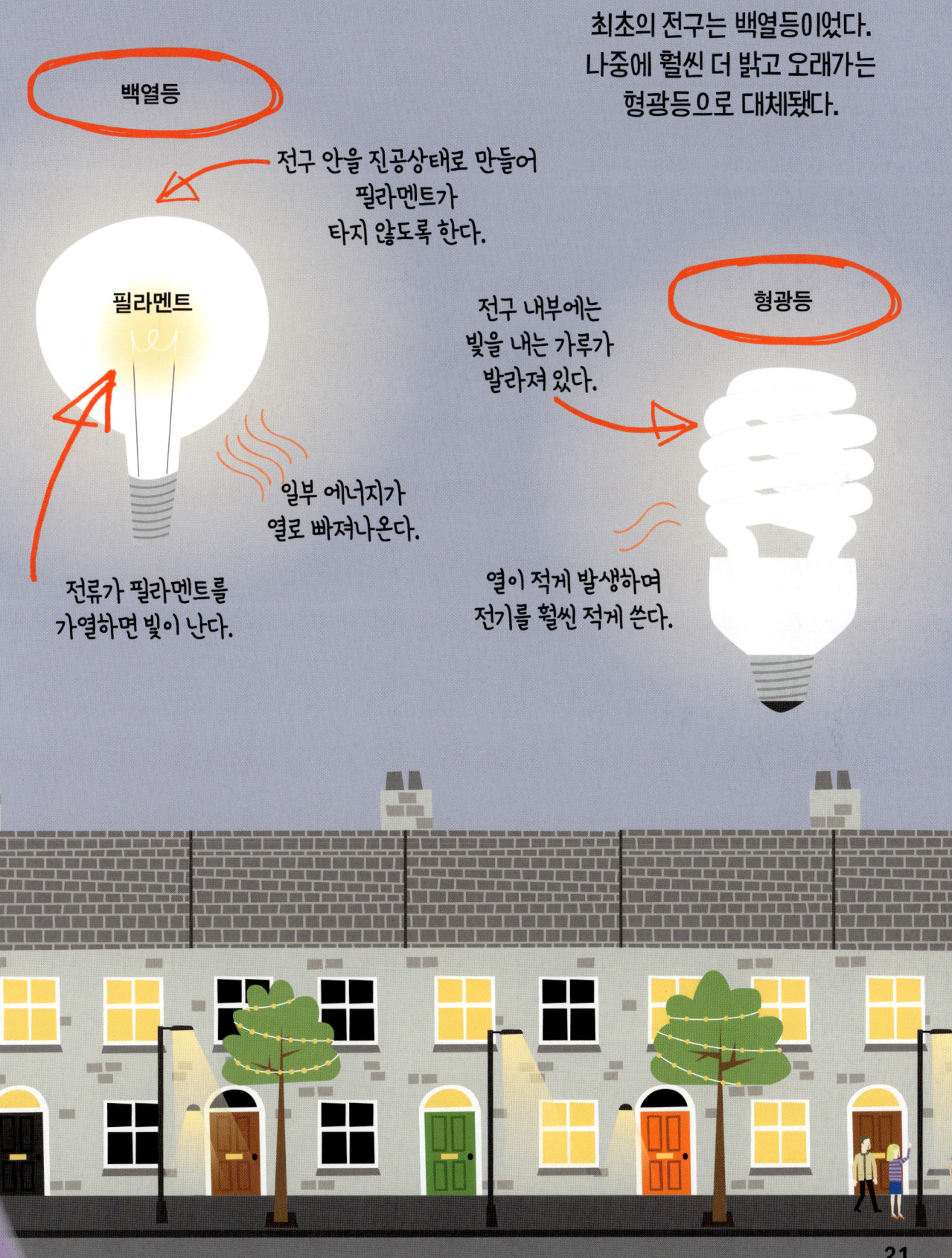

한눈에 보는 지식
6 인공 섬유

인공 섬유는 석유, 석탄, 천연가스 등을 이용하여 화학적으로 합성한 섬유입니다. 인공 섬유는 양털, 목화솜, 아마 껍질, 명주실 등으로 만든 천연 섬유보다 더 강하면서도 값이 쌉니다.

1935년, 미국의 월리스 캐러더스가 석유를 이용하여 '나일론'이라는 인공 섬유를 발명했습니다. 그 뒤 나일론으로 만든 스타킹은 여성들에게 큰 인기를 끌었습니다. 비단 스타킹처럼 부드럽지만 값이 훨씬 쌌기 때문입니다. 나일론은 스타킹뿐만 아니라 제2차 세계 대전에서 사용된 낙하산까지 다양한 제품에 활용되었답니다.

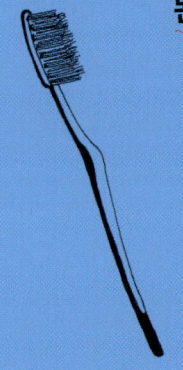

1950년대에는 오늘날에 가장 인기 있는 인공 섬유인 폴리에스터를 비롯해 여러 인공 섬유가 만들어졌습니다. 지금도 새로운 인공 섬유가 계속 발명되고 있습니다. 인공 섬유는 직물뿐만이 아니라 모든 종류의 물건을 만드는 데 사용됩니다. 기타 줄, 테니스 라켓 줄, 방탄조끼, 우주복까지도 모두 인공 섬유로 만듭니다.

한줄요약
인공 섬유는 천연 섬유보다 더 강하면서 값이 쌉니다.

천연 섬유 대 인공 섬유
인공 섬유와 천연 섬유의 장점과 단점은 무엇일까요? 인공 섬유는 강하고 젖었을 때 빨리 마릅니다. 또한 직물을 얻기 위해 식물이나 동물을 기를 필요도 없고, 생산에 들어가는 비용도 저렴합니다. 하지만 인공 섬유는 잘 분해되지 않고, 천연 섬유를 생산할 때보다 훨씬 더 많이 환경을 오염시킵니다.

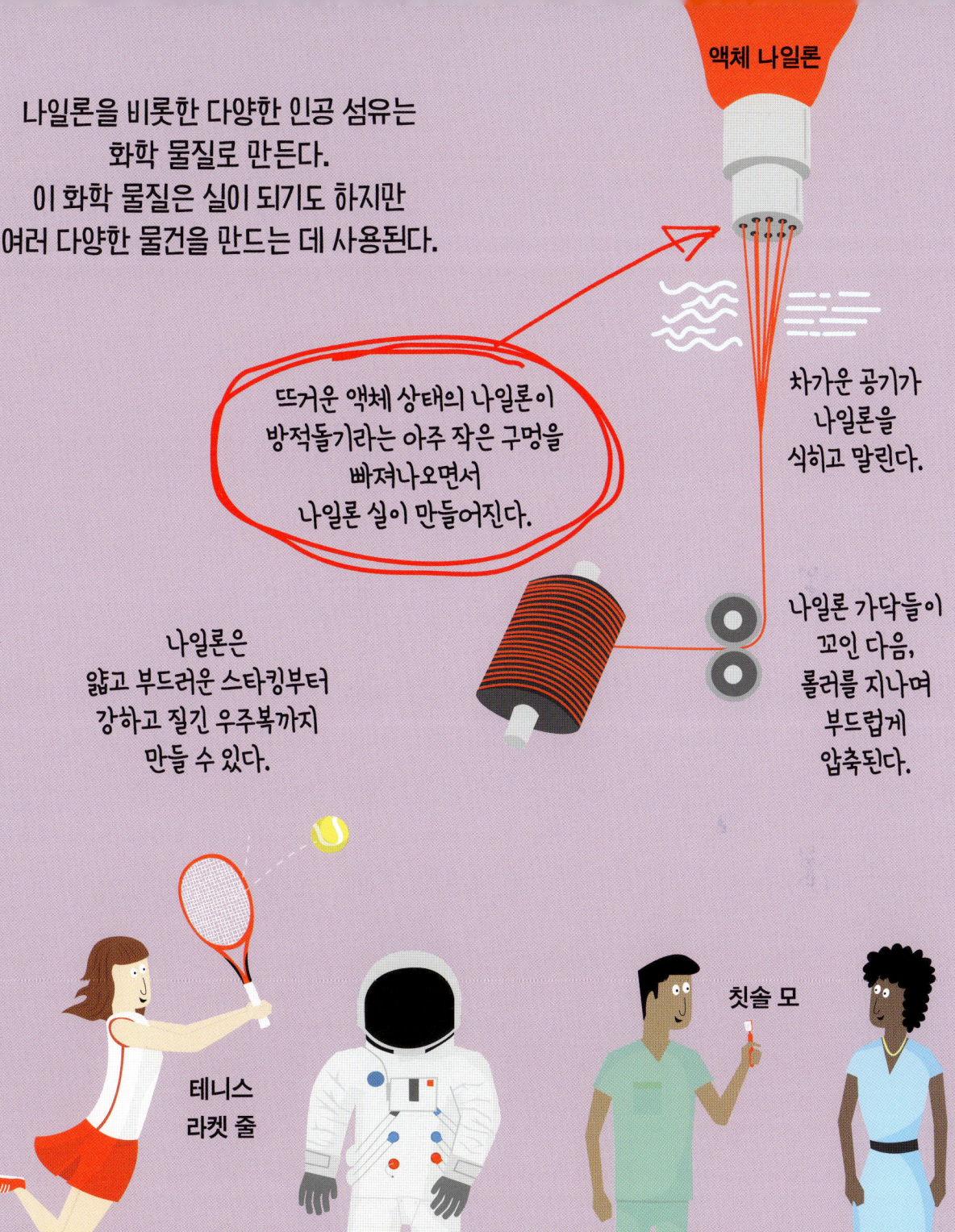

통신

사람들에게 의사소통은 아주 중요합니다. 하지만 말은 금방 사라지고 말지요. 그래서 말을 저장하는 글자의 발명은 인류의 역사에서 아주 중요한 사건입니다.

역사학자들은 문자의 발명을 기준으로 선사 시대와 역사 시대로 시대를 구분합니다. 문자가 발명된 이후에야 역사가 기록되기 시작했다는 뜻이지요. 사람들은 언어, 책, 전화, 문자 메시지 등 의사소통을 하는 새로운 방법을 활발하게 연구하고 발명했습니다.

통신
읽기 전에 알아두기

라우터 서로 다른 네트워크를 연결해 주는 장치. 네트워크는 겉으로 보기에는 여러 대의 컴퓨터가 연결선을 통하여 마치 모두 하나로 이어져 있는 것처럼 보인다.

변환기 한 형태의 에너지를 다른 형태로 바꾸는 장치. 마이크로폰은 소리 에너지를 전기에너지로 바꾸는 변환기다.

상형 문자 고대 이집트와 다른 초기 문명에서 사용된 문자로, 사물의 모양을 본떠 만들었다.

쐐기 문자 기원전 3100년경부터 기원전 1세기 중엽까지 메소포타미아를 중심으로 한 고대 문명에서 사용했던 문자. 점토 위에 갈대나 금속으로 새겨 썼기 때문에 문자의 선이 쐐기 모양으로 보인다.

아르파넷 미국 국방부의 고등연구계획국이 개발한 컴퓨터 네트워크. 인터넷의 초기 형태이다.

에너지 일을 할 수 있는 힘. 형태에 따라 운동, 위치, 열, 전기 따위의 에너지로 구분한다.

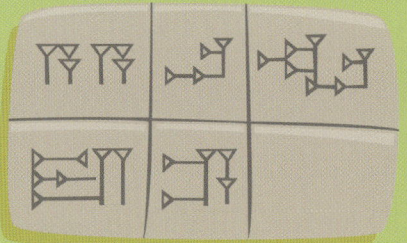

엑스선 자외선보다 파장이 짧은 전자기파의 한 가지. 보통 빛이 잘 통과하지 못하는 물체를 잘 통과하여, 사람의 몸을 찍어 질병을 알아내는 데도 쓰인다.

월드와이드웹(WWW) 인터넷을 사용하는 데 필요한 규칙과 소프트웨어 체계.

인공위성 우주에서 지구 주위를 도는 인공적인 천체.

인터넷 전 세계의 컴퓨터가 서로 연결되어 정보를 교환할 수 있는, 하나의 거대한 컴퓨터 통신망.

전신기 전기를 사용해 먼 거리에서 기호로 정보를 보내는 초기의 통신 방식.

전자파 공간 속으로 전파되는 에너지 파동. 광파, 전파, 엑스선, 마이크로파 등이 있다.

태양계 지구를 포함하여 태양을 중심으로 공전하는 여러 천체의 모임.

특허 발명가의 아이디어를 보호하기 위해 정부에서 주는 권리.

한눈에 보는 지식
7 문자

문자는 생각을 기록할 수 있는 편리한 수단입니다. 문자 덕분에 우리가 옛사람들의 역사를 알 수 있습니다. 문자는 인류 초기의 발명 중 하나로, 기원전 4000년에 메소포타미아(지금의 이라크) 지역에서 만들어졌습니다.

문자는 사물을 표현한 간단한 그림과 선, 점으로 시작되었습니다. 이해하기 쉽고 그리기 쉬운 방식이었지요. 처음에는 각각의 그림이 하나의 단어를 상징했습니다. 그러다 보니 기억해야 할 글자가 수백 개가 넘었습니다. 그러자 사람들은 소리를 기호로 표현하기 시작했습니다. 지금은 대부분의 나라에서 알파벳이나 한글처럼 소리를 기호로 나타내는 문자를 쓰고 있습니다.

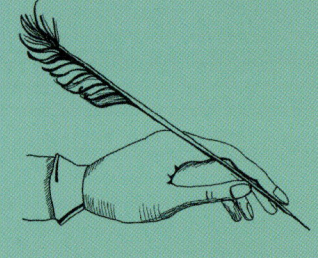

문자는 처음에 점토판, 나무판, 양피지 등에 목탄 막대기나 깃털로 만든 깃펜, 붓 등으로 기록했습니다. 그 뒤 종이와 연필과 볼펜이 발명되면서 더 많은 사람이 편리하게 글자를 기록하기 시작했습니다.

오늘날 우리는 볼펜이나 연필 대신 컴퓨터 키보드를 두드리거나 스마트폰의 화면을 눌러 글을 쓴답니다.

한줄 요약
문자의 발명은 기록을 남길 수 있다는 것을 뜻했습니다.

이집트의 상형 문자
고대 이집트의 문자는 그림으로 표현한 상형 문자입니다. 어떤 그림은 그림 자체가 뜻을 나타내기도 하지만, 어떤 그림은 소리를 나타내기도 합니다. 예를 들어 올빼미 그림은 'm' 소리를, 사자 그림은 'l' 소리를 냅니다.

세계의 여러 문명은
각각 자신만의 문자 체계를
발전시켰다.

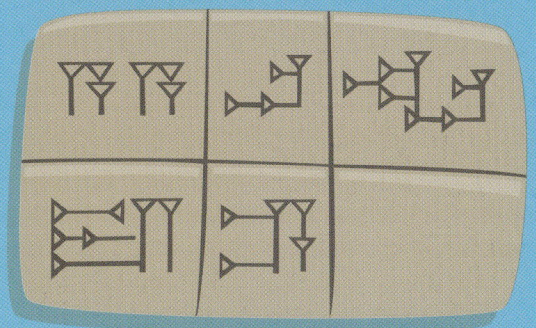

쐐기 문자(기원전 4000년 지금의 이라크 지역):
인류 최초의 글자이다.

이집트의 상형 문자(기원전 3000년 경):
각각의 그림은 단어나 소리를 나타낸다.

중국의 한자(기원전 1100년 경):
보통 위에서 아래로 써 내려갔다.

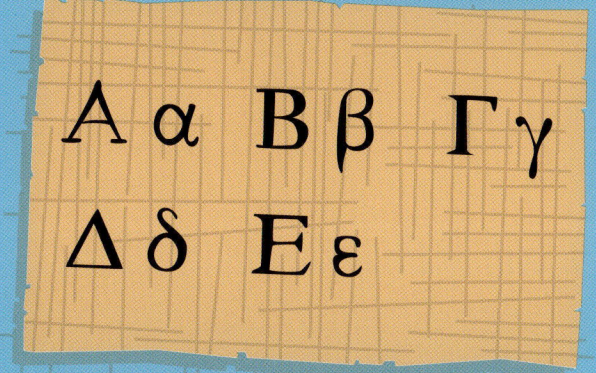

고대 그리스 글자(기원전 800년경):
현재 유럽에서 사용하는
알파벳의 뿌리이다.

마야 문자(멕시코, 기원전 300년경):
가장 복잡한 문자이다.

한눈에 보는 지식
8 인쇄

옛날에는 글을 읽고 쓸 줄 아는 사람이 많지 않았습니다. 읽을 책이 많지 않았기 때문이기도 합니다. 거의 대부분의 책은 일일이 사람의 손으로 쓰고 묶어서 만든 것이었습니다. 그러다 보니 책은 아주 귀하고 비쌌답니다.

처음 발명된 인쇄술은 목판 인쇄술이었습니다. 그런데 목판 인쇄술은 손으로 하나하나 책을 만드는 것보다 시간이 훨씬 더 오래 걸렸습니다. 나무판에 글자와 그림을 새긴 다음, 한 장 한 장 잉크를 발라서 찍어 냈기 때문입니다.

1439년, 독일의 요하네스 구텐베르크가 인쇄술을 크게 발전시켰습니다. 그는 한 페이지에 있는 글자들을 모두 조각하는 대신, 글자 하나하나를 새긴 금속 활자를 많이 만들었습니다. 그리고 나무틀에 글자에 맞는 금속활자를 차례로 놓고 한 페이지를 만든 다음, 인쇄기로 그 판을 인쇄했습니다. 책을 아주 빨리 만들 수 있게 된 것입니다. 그 후 책의 종류가 더 많아지고, 책값은 싸졌습니다.

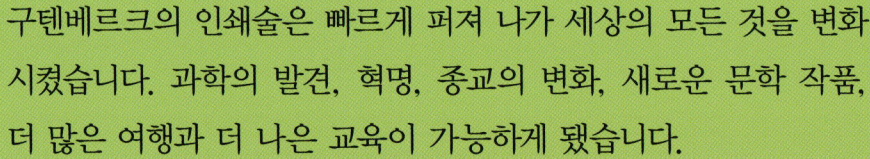

구텐베르크의 인쇄술은 빠르게 퍼져 나가 세상의 모든 것을 변화시켰습니다. 과학의 발견, 혁명, 종교의 변화, 새로운 문학 작품, 더 많은 여행과 더 나은 교육이 가능하게 됐습니다.

한줄요약
인쇄기 덕분에 책이 많아졌고 지식이 널리 전파되었습니다.

가장 많이 인쇄된 책
1. 〈성경〉 : 50억 부 이상
2. 〈쿠란〉 : 8억 부 이상
   〈마오쩌둥 어록〉 : 8억 부 이상
3. 세르반테스의 〈돈키호테〉 : 5억 부 이상
4. 〈신화사전(신중국어 사전)〉 : 4억 부 이상
5. 찰스 디킨스의 〈두 도시 이야기〉 : 2억 부 이상
6. 톨킨의 〈반지의 제왕〉 : 1억 5천만 부 이상

구텐베르크의 인쇄술 덕분에 책을 값싸고 빠르게 만들 수 있게 됐다. 책이 널리 퍼지자, 읽고 쓸 수 있는 사람이 많아졌다.

책을 하나하나 손으로 만들 때는, 오직 부자만이 책을 살 수 있었다.

구텐베르크의 인쇄술은 금속 활자를 사용하여 여러 장을 쉽고 빠르게 인쇄할 수 있었다.

종이를 위에서 세게 누르면 글자가 잉크에 찍혀 나왔다.

글자에 잉크를 바르고, 종이는 맨 위에 올린다.

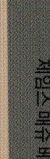

한눈에 보는 지식
9 전화

전화는 미국의 발명가인 알렉산더 그레이엄 벨이 발명했습니다. 사실 벨과 거의 같은 시기에 비슷한 아이디어를 가진 사람도 있었습니다. 하지만 1876년에 가장 먼저 특허를 받은 벨이 전화를 발명한 사람으로 역사에 남았습니다.

벨은 전신기를 개선하다가 전화기를 발명했습니다. 전신기는 전기를 사용한 의사소통을 한 최초의 통신장비입니다. 아주 멀리 있는 사람에게 아주 빠르게 소식을 전할 수 있게 된 것이지요. 하지만 전신기는 신호만 보낼 수 있었습니다. 사람의 목소리는 보낼 수 없었습니다.

벨은 변환기를 이용해 목소리를 내보내는 방법을 알아냈습니다. 벨이 발명한 전화기 한쪽에는 마이크, 다른 한쪽에는 스피커라는 변환기가 달려 있었습니다. 마이크는 소리를 전기로 바꾸어 주고, 전선을 따라 이동한 전기를 스피커가 다시 소리로 바꾸어 주었지요. 전화기 덕분에 먼 거리에 있는 사람과 쉽게 의사소통을 할 수 있게 되었습니다.

한줄요약
전화기는 아주 먼 거리까지 소리를 전달합니다.

실 전화기

준비물 일회용 종이컵 또는 플라스틱 컵 2개, 20m 길이의 실이나 줄, 친구 1명

실험 방법

① 종이컵 2개의 바닥 한가운데 구멍을 뚫은 다음, 구멍에 실을 꿰어 매듭을 짓습니다.

② 친구에게 컵 하나를 귀에 대고 실이 팽팽해질 때까지 걸어가라고 해 봅니다.

③ 컵에 대고 말을 해 봅니다.

→ 친구가 여러분의 말을 들을 수 있습니다. 실 전화기는 소리를 실의 진동으로 바꾸어 전달합니다.

한눈에 보는 지식
10 전파

옛날에는 전화를 하려면 전선이 필요했습니다. 그래서 바다를 항해하는 배처럼 전선을 연결할 수 없는 곳과는 전화를 할 수 없었습니다.

1860년대에 과학자들은 보이지 않는 파동을 연구하기 시작했습니다. 그것은 전파였지요. 전파 또한 음파처럼 공기나 고체를 통해 전달되었지만, 소리보다 훨씬 더 멀리 이동할 수 있었습니다. 1890년대에 이탈리아 발명가인 굴리엘모 마르코니가 대서양을 가로질러 무선 신호를 보내는 데 성공했습니다. 그 후 전 세계에 무선 신호를 보낼 수 있는 장치가 개발됐습니다.

처음 발명된 무선 통신은 "삐~" 하는 소리만 낼 수 있었습니다. 그래서 메시지를 부호 형태로 전달해야 했습니다. 하지만 곧 음성과 음악도 보낼 수 있게 되었고, 곧이어 라디오 방송이 시작되었습니다.

과학자들은 광파를 전파로 바꾸어 주는 방법을 발명했고, 사진과 동영상도 전파로 전송될 수 있었습니다. 이것이 텔레비전입니다. 지금은 휴대 전화를 비롯해 수많은 물건에 전파를 이용합니다.

한줄요약
전파 덕분에 멀리 떨어져 있어도 정보를 주고받을 수 있게 됐습니다.

마이크로파 측정하기

전파에는 빛, 엑스선, 마이크로파 등이 있습니다. 이 모든 파동은 길이의 파장이 모두 다릅니다. 파장이란 파동에서 같은 모양이 반복되는 최소 길이를 말합니다.

마이크로파를 사용하는 전자레인지를 이용해 마이크로파의 파장을 측정해 봅니다. 전자레인지의 회전판을 빼고 초콜릿바를 15초 동안 가열합니다. 마이크로파가 초콜릿바를 통과하며 특정 부위를 녹입니다. 녹은 지점들 사이의 거리는 마이크로파 파장의 절반 길이입니다.

1930년대 라디오

1900년대, 발명가들은 전파를 이용해 목소리와 음악을 전송하는 방법을 알아냈다.

1920년대 텔레비전이 발명됐으며, 전파를 이용해 사진을 보냈다.

굴리엘모 마르코니

1896년 굴리엘모 마르코니가 세계 최초로 무선 신호를 전송했다. 그 후 전파는 다양한 통신에 이용되고 있다.

휴대 전화는 전파를 이용한다.

전파는 태양계 너머까지 이동할 수 있다.

보이저 1호 탐사선은 지구로부터 200억 km 떨어진 곳에 있으며, 1977년부터 지금까지도 전파 신호를 보내고 있다.

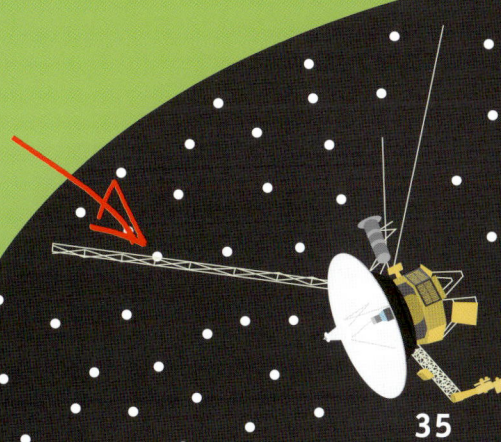

한눈에 보는 지식
11 인터넷

가장 최근에 발명한 통신 발명품은 인터넷입니다. 1969년에 미국에서 4대의 컴퓨터를 전화선으로 이어서 데이터를 주고받는데 성공했으며, 이 네트워크를 아르파넷이라고 불렀습니다. 이것이 인터넷의 시작이었습니다.

엔지니어들은 데이터가 뒤죽박죽되지 않으면서도 각 컴퓨터를 통해 동시에 통신할 수 있는 방법을 고심했습니다. 그들이 찾아낸 방법은 각 컴퓨터가 보내는 데이터를 패킷이라고 불리는 수천 개의 작은 단위로 나누는 것이었습니다. 패킷이 전송할 주소와 순서를 알고 있다면, 데이터를 받는 컴퓨터에서 원래 데이터를 보여 줍니다.

오늘날 인터넷은 수천만 대의 컴퓨터가 연결되어 있는 전 세계적인 통신 네트워크이며, 전선과 위성으로 이어져 있습니다. 인터넷 덕분에 지구 어디에 있든지 사람들과 대화를 나눌 수 있고 동시에 볼 수도 있습니다. 데이터는 빛처럼 빠른 속도로 대륙을 넘나듭니다. 우리는 언제 어디서나 몇 초 만에 원하는 정보를 찾을 수 있습니다.

한줄요약
인터넷은 전 세계를 하나로 연결하는 네트워크입니다.

월드 와이드 웹(WWW)
인터넷은 전 세계 컴퓨터를 하나로 연결합니다. 하지만 그 컴퓨터 통신 네트워크에서 정보를 쉽게 찾을 수 있는 것은 또 다른 발명품인 월드와이드웹(WWW) 덕분입니다. 월드와이드웹은 인터넷이 등장하기도 전에 1989년에 영국의 팀 버너스 리가 발명했습니다.

전송

우리는 인터넷 덕분에 지구 반대편에 있는 친구에게 바로 메시지를 보낼 수 있다.

이메일을 보낸다.

전파가 전선을 타고 네트워크를 연결해 주는 라우터로 전달된다.

라우터는 전파를 전기 신호로 바꾸어 준다.

송신기가 전파를 우주로 내보낸다.

신호는 전선을 타고 이동한다.

인터넷 서비스 공급자가 신호를 받아 무선 송신기로 내보낸다.

위성은 무선 신호를 수신하여 다시 지구로 전파를 보낸다.

다른 인터넷 서비스 공급자가 신호를 받는다.

수신!

교통수단

수 세기 전, 사람들은 음식을 찾기 위해, 또는 적으로부터 도망치거나 다른 나라를 정복하기 위해 이동했습니다. 어떤 사람은 호기심 때문에 바다 건너에 있는 세상으로 이동하기도 했습니다.

오늘날 우리는 일하러 가고, 배우고, 즐기기 위해 이동합니다. 사람들은 이동을 하기 위한 수단으로 바퀴부터 시작하여 현재는 최첨단 우주선이라는 새로운 교통수단까지 만들어 냈습니다.

교통수단
읽기 전에 알아두기

극 지축의 양쪽 끝. 북극과 남극을 이른다.

내연 기관 자동차 내부에서 연료를 태워 에너지를 얻는 기관.

대서양 서쪽에는 아메리카 대륙이, 동쪽에는 아프리카 대륙이 있는 바다.

대항해 시대 15세기부터 16세기까지 유럽 사람들이 무역과 전쟁을 위해 커다란 범선 타고 신항로 개척이나 신대륙을 발견하던 시기.

보일러 배관과 펌프를 이용하여 필요한 곳에 온수를 내보내는 장치.

산소 호흡과 연소에 필요한 공기 중의 기체.

에너지 일을 할 수 있는 힘. 에너지의 형태에 따라 운동, 위치, 열, 전기 따위의 에너지로 구분한다.

위성 항법 장치(GPS) 인공위성을 이용하여 자신의 위치를 정확히 알아낼 수 있는 시스템.

인공위성 우주에서 지구 주위를 도는 인공적인 천체.

자기장 자석 주위에 생기는 힘이 작용하는 공간.

중력 우리를 땅에 붙들고 달이 지구 주위를 돌도록 끌어당기는 힘.

차축 두 개의 바퀴를 이은 쇠막대기로, 바퀴 회전의 중심축이다.

초음속 소리의 속도인 음속(시속 약 1234km)보다 빠른 속도.

카라크선 15세기 말에 발명된 매우 큰 범선.

터보제트 엔진 제트 기관의 하나. 항공기에 사용하는 엔진으로, 앞부분에서 공기를 빨아들인 다음 뒤쪽으로 강하게 내뿜는다.

톱니바퀴 둘레에 일정한 간격으로 톱니를 내어 만든 바퀴. 톱니가 서로 맞물려 돌아감으로써 동력을 전달한다.

프로펠러 비행기나 배 같은 운송 수단이 앞으로 나아가도록 하는 장치. 두 개 이상의 회전 날개가 있다.

한눈에 보는 지식
12 바퀴

바퀴는 우리 주변 어디에나 있습니다. 하지만 언제 어디에서 발명됐는지는 정확하게 모릅니다. 2002년에 유럽 중앙에 있는 슬로베니아의 늪지대에서 초기 형태의 바퀴와 두 바퀴를 이어 주는 차축이 발견됐습니다. 그 바퀴는 7000년 넘게 그곳에 놓여 있었지요.

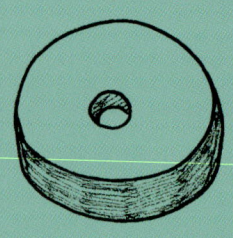

바퀴가 발명되기 전에는 무거운 물건을 옮기려면 사람이 힘껏 끌거나 당겨야 했습니다. 그 뒤 무거운 물건을 굴림대 위에서 밀었을 것입니다. 반듯하고 곧게 자란 나무의 줄기가 굴림대의 재료로 알맞았지요.

통나무 굴림대는 점차 발전해 바퀴의 모양을 갖추었습니다. 처음에는 통나무를 원판 모양으로 자른 것이었습니다. 하지만 통나무를 가로로 자른 원반은 쉽게 쪼개졌습니다. 그래서 세로로 자른 3조각의 나무판자를 원반 모양으로 만들고, 못으로 고정시킨 바퀴가 나왔습니다. 나중에는 바퀴와 차축을 따로 만들어 수레에 고정했는데, 이 방법이 훨씬 쉬웠습니다. 바퀴가 발명되자 사람들은 이전보다 훨씬 더 멀리, 더 빨리 이동할 수 있게 되었습니다.

톱니바퀴

기원전 350년경, 새로운 바퀴가 그리스에서 발명되었습니다. 바로 톱니바퀴입니다. 톱니바퀴는 테두리에 울퉁불퉁한 톱니가 있어서 다른 톱니바퀴와 맞물리면 회전을 할 수 있습니다. 그뿐만 아니라 두 번째 톱니바퀴가 첫 번째 톱니바퀴보다 작고 톱니의 개수가 절반이라면, 회전 속도는 두 배나 빨라집니다. 톱니바퀴의 발명으로 시침과 분침을 가진 시계처럼 다양한 속도로 회전하는 톱니바퀴를 가진 기계가 만들어지게 되었습니다.

한줄요약
바퀴의 발명으로 물건과 사람들이 멀리 이동할 수 있게 되었습니다.

한눈에 보는 지식
13 나침반

수천 년 전, 사람들은 어떻게 방향을 잡고 여행을 했을까요? 아침에 태양이 동쪽에서 떠서, 저녁에 서쪽으로 지는 것으로 방향을 잡고, 밤에는 별자리를 보면서 방향을 잡았습니다.

약 2000년 전에 한 중국인이 나침반을 발명했습니다. 그 중국인이 발명한 나침반은 넙적한 판 위에 숟가락 모양의 금속을 올려놓은 모양이었습니다. 숟가락을 빙글 돌리면 언제나 머리 부분은 북쪽, 손잡이 부분은 남쪽을 가리키면서 멈췄습니다. 판 위에 올려놓은 숟가락이 자석으로 만들어졌기 때문입니다. 자석은 같은 극끼리는 밀어내고, 다른 극끼리는 서로 붙습니다. 그리고 지구의 내부에는 자석이 있고, 그 자석의 끝이 남극과 북극입니다. 이 때문에 나침반이 항상 남과 북을 가리킵니다.

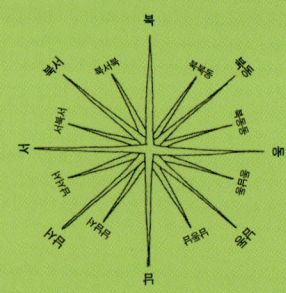

그 뒤 숟가락 모양의 나침반은 물에 떠 있는 자석 바늘로 바뀌었습니다. 그리고 또다시 핀 위에 고정한 바늘이 되었습니다. 이 나침반은 휴대가 더 간편했고, 사람들은 이전보다 훨씬 더 쉽게 지구를 탐험하고 지도를 그릴 수 있게 되었습니다.

한줄요약
나침반은 자침이 지구의 남극과 북극을 가리킵니다.

나침반 만들기

준비물 바늘, 막대자석, 작은 접시, 나뭇잎

실험 방법
① 자석의 한쪽 끝으로 바늘을 50번 정도 같은 방향으로 문지릅니다.
② 접시에 물을 반쯤 채우고 그 위에 나뭇잎을 띄웁니다.
→ 바늘은 천천히 돌면서 북쪽을 가리킵니다.

나침반 바늘은
지구의 자기장 때문에
항상 북쪽을 가리킨다.
수 세기 동안 여행자들은
나침반을 사용하여 길을 찾았다.

나침반은 약 2000년 전에
중국인이 발명했다.
하지만 방향을 찾기 위해서가 아니라,
점을 치는 데 사용했다.

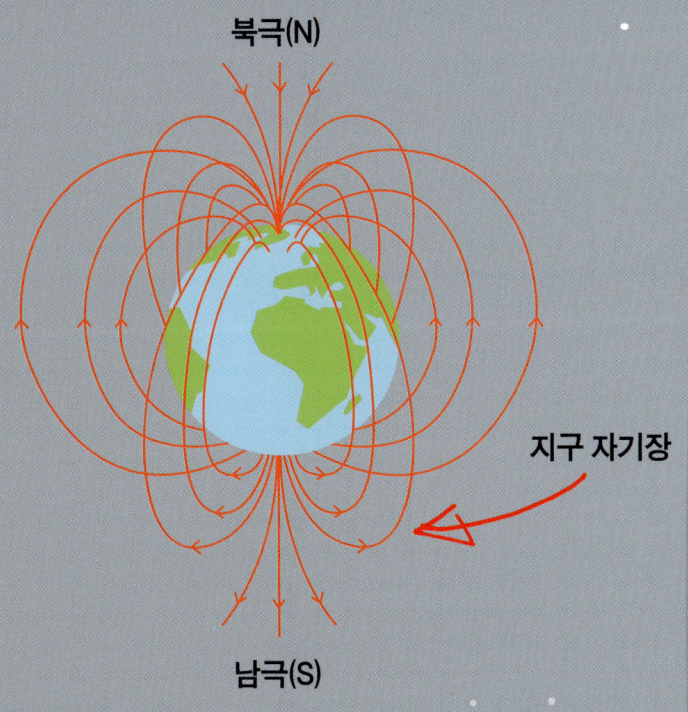

북극(N)

지구 자기장

남극(S)

14세기에 휴대용 나침반이 발명됐다.
이 나침반 덕분에
세계를 탐험할 수 있게 됐다.

현대 나침반은
위성 항법 장치(GPS)를 이용하여
방향을 정확하게 파악한다.

한눈에 보는 지식
14 범선

배는 매우 오래된 교통수단입니다. 처음에 사람들은 갈대를 엮어서 만든 갈대배, 나무의 속을 파서 만든 통나무배, 나무토막을 엮어서 만든 뗏목 등을 타고 다녔습니다. 이런 배들은 물갈퀴나 노 등으로 움직였습니다. 그 후 돛을 달아 바람의 힘으로 움직이는 범선이 나타났습니다. 범선 덕분에 사람들은 더 쉽게 더 멀리 더 빠르게 바다를 건너갈 수 있게 됐습니다.

범선은 약 3000년 전에 이집트에서 처음 만들어졌습니다. 이집트 사람들은 범선을 타고 지중해를 건너 다녔습니다. 그 뒤 범선은 다양한 모습으로 발전했습니다. 15세기에 이탈리아의 탐험가 크리스토퍼 콜럼버스는 산타마리아호라는 대형 범선을 타고 대서양을 건너 아메리카 대륙에 닿았습니다. 이로써 대항해 시대가 열렸습니다. 그 후 대형 범선들은 지구의 모든 바다 위를 돌아다니게 됐습니다.

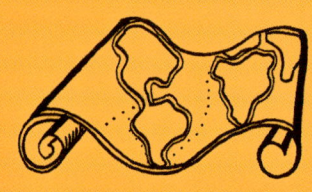

19세기에는 바람의 힘이 아닌 증기 기관의 힘으로 움직이는 증기선이 발명됐습니다. 증기선이 발달하면서, 범선은 점차 사라졌습니다. 어느 날 범선은 주로 레저 목적으로 이용되고 있답니다.

한줄요약
범선 덕분에 먼 나라를 오갈 수 있게 되었습니다.

카라크선
탐험가 콜럼버스가 대서양을 건널 때 탔던 산타마리아호는 카라크선이었습니다. 카라크선의 돛대는 서너 개였고, 먼바다에서 부는 아주 강한 바람을 다룰 수 있었습니다. 또한 폭풍우 치는 바다에서 안정적으로 항해를 할 만큼 크기가 컸고, 보급품을 보관하는 공간이 충분해서 대륙과 대륙을 이동하는 긴 항해에 안성맞춤이었습니다.

한눈에 보는 지식
15 증기 기관차

우리는 철도를 이용해 먼거리를 빠르게 이동합니다. 이것은 증기 기관의 발명 덕분입니다. 증기 기관은 수증기가 응축했다가 팽창하는 현상을 이용해서 움직이는 힘을 얻는 장치입니다.

1770년대에 처음 만들어진, 증기로 움직이는 마차는 증기 기관의 크기가 매우 컸으며 힘도 약했습니다. 하지만 그 뒤 증기 기관차는 빠르게 발전했습니다. 1804년에 리처드 트레비식이 철도를 달리는 증기 기관차를 처음 만들었습니다. 1825년에 조지 스티븐슨은 로코모션호를 만들었으며, 로코모션호는 사람들을 태우고 스톡턴과 달링턴 사이에 놓인 철도를 달렸습니다. 1829년에 만든 로켓호는 리버풀과 맨체스터 사이에 놓인 철도를 정기적으로 오갔습니다.

1830년대가 되자 영국을 비롯해 세계 여러 나라에서 앞다투어 철도를 놓기 시작했습니다. 사람들은 증기 기관차를 타고 먼 거리를 빠르게 여행할 수 있게 되었으며, 많은 물건을 한꺼번에 여러 곳으로 옮길 수 있게 됐습니다. 지금은 증기 기관차를 대신해서 디젤과 전기를 연료로 쓰는 기차가 주로 운행하고 있습니다.

한줄요약
증기 기관차는 사람들과 화물을 먼 거리까지 옮겼습니다.

증기 기관의 역사
- 1769년 프랑스의 퀴뇨가 증기로 움직이는 차를 만들어졌다.
- 1893년 캐나다의 조지 무어가 증기로 움직이는 로봇을 만들어 미국 뉴욕의 거리를 함께 산책했다.
- 1897년 증기 터빈으로 움직이는 배들이 만들어졌다.
- 1933년 증기로 움직이는 비행기가 하늘을 날았다.
- 2001년 증기를 이용한 새로운 종류의 로켓 추력기가 위성을 우주로 쏘아 올렸다.

한눈에 보는 지식
16 자동차

증기 기관차는 먼 거리를 빠르게 갈 수 있었지만 철도가 미리 깔려 있어야만 합니다. 말이 끄는 마차처럼 집 앞까지 데려다 주지는 않지요. 그래서 사람들은 마차를 대체할 수 있는 새로운 발명품을 원했습니다. 말 없는 마차, 그러니까 자동차 말이지요.

마차를 움직이기에 증기 기관은 너무 컸습니다. 그리고 출발하는 데도 오랜 시간이 걸렸습니다. 1807년에 프랑스의 발명가 클로드 니엡스와 동생 조제프 니엡스가 이를 대체할 새로운 발명품을 만들었습니다. 바로 내연 기관입니다. 증기 기관은 보일러 밖에서 연료를 태우지만 내연 기관은 내부에서 연료를 태웁니다. 수십 년 동안 많은 발명가의 손을 거친 후에, 1885년 드디어 카를 벤츠가 내연 기관을 이용한 '파텐트 모토바겐'이라는 자동차를 만들었습니다.

그 뒤 더 빠르고 더 안전한 자동차가 계속해서 나오고 있으며 거리에는 자동차로 넘쳐나게 되었습니다. 최근 들어 전기 자동차가 대량으로 생산되기 시작했습니다.

한줄요약
자동차는 내연 기관의 발명 덕분에 세상에 나타났습니다.

자동차 신기록

가장 긴 차 캐딜락 리무진의 길이는 30.5m이고 바퀴는 26개입니다. 세 대가 나란히 서 있으면 양 끝이 축구장 길이만큼 깁니다.

가장 빠른 대량 생산 차 부가티 베이론 슈퍼 스포츠는 시속 431km까지 달릴 수 있는데, 이는 고속도로 제한 최고 속도보다 4배 이상 빠른 속도입니다.

가장 빠른 특수 차 스러스트SSC(1997년)는 자동차 속도 경기 기록을 보유하고 있습니다. 최고 속도는 1228km로 음속보다 빠릅니다.

자동차는 내연 기관의 힘으로 움직인다.

내연 기관에서는 연료가 여러 실린더 중 한 곳에서 폭발하여 피스톤을 움직이고 바퀴를 밀어낸다.

1. 흡입
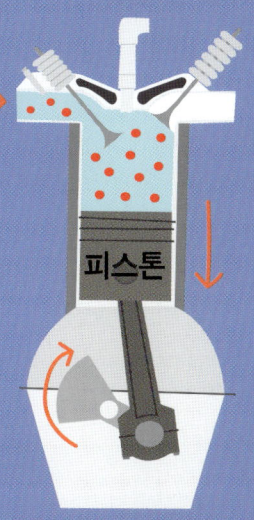
피스톤이 아래로 움직이면 공기와 연료가 실린더에 흡입된다.

2. 압축
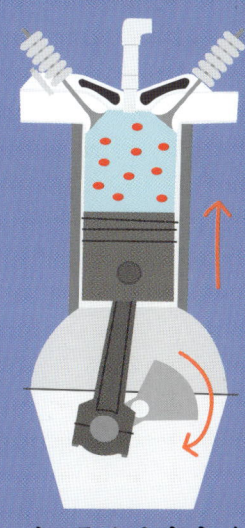
피스톤이 올라가면 공기와 연료가 강하게 압축된다.

3. 폭발
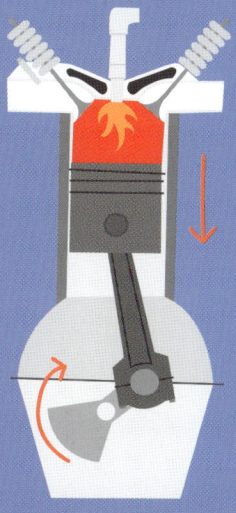
불꽃으로 연료를 폭발시켜 피스톤을 아래로 밀어낸다.

4. 배기
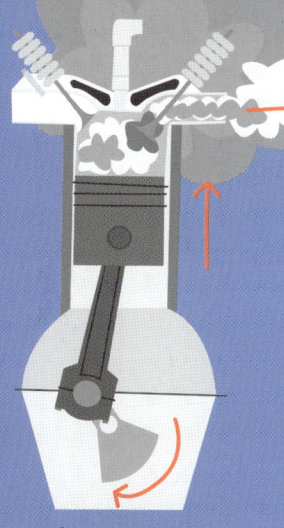
피스톤이 위로 올라가며 연기를 밖으로 배출한다.

'하이브리드' 자동차는 내연 기관과 전기 모터를 모두 가지고 있다.

벤츠의 '파텐트 모토바겐' (1885)

포드의 '모델T' (1905)

오늘날의 하이브리드 자동차

한눈에 보는 지식
17 비행기

오래전부터 사람들은 하늘로 날아오르기 위해 노력을 했지만, 대부분 실패했습니다. 발명가들이 새처럼 날개를 퍼덕이며 나는 기계를 만들려고 했기 때문입니다. 새처럼 날개가 펄럭이는 기계를 만드는 것은 무척이나 어려웠습니다.

사람들은 처음으로 글라이더와 열기구를 타고 하늘로 올라갈 수 있었습니다. 글라이더는 바람의 힘으로, 열기구는 커다란 풍선에 뜨거운 공기를 채워서 하늘을 날았지요. 하지만 글라이더와 열기구는 조종사가 원하는 방향으로 자유롭게 움직일 수 없었습니다. 이 문제를 해결한 것은 동력 비행기입니다. 1903년 오빌 라이트는 형 윌버 라이트의 도움을 받아 최초의 비행기를 타고 공중으로 날아올랐습니다. 그 뒤 수많은 비행기가 세계의 하늘을 날기 시작했습니다.

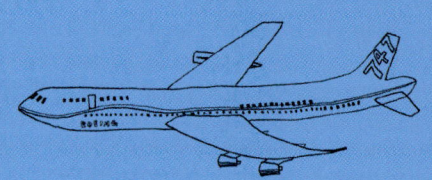

처음에 발명된 동력 비행기는 프로펠러로 움직였습니다. 하지만 프로펠러의 힘으로는 빠르게 날 수 없었습니다. 1930년에 영국의 프랭크 휘틀이라는 기술자가 터보제트 엔진을 발명하여 이 문제를 해결했습니다. 1947년에 만들어진 제트기는 소리의 속도보다 빠른 초음속으로 날아갔습니다. 오늘날 모든 대형 비행기는 제트 엔진의 힘으로 빠르게 날아갑니다.

한줄요약
비행기는 터보제트 엔진의 힘으로 하늘을 빠르게 날 수 있습니다.

더 빠르게 나는 날개 모양은?

비행기는 날개 모양에 따라 속도가 달라집니다. 똑같은 두 개의 직사각형 종이를 이용해 비행기를 만들어 봅니다. 하나는 짧은 변 쪽에서 접고, 다른 하나는 긴 변 쪽에서 접으세요. 그리고 어느 것이 더 빨리 나는지 살펴봅니다. 그리고 폭을 점점 더 좁혀서 비행기를 만들어 날려 봅니다. 어느 비행기가 가장 빨리 날까요?

하늘을 더 멀리, 더 빠르게
날 수 있게 발전해 왔다.

몽골피에 형제의 열기구
(1783년 프랑스)
최초의 유인 열기구

라이트 플라이어 1 (1903년 미국)
최초의 동력 비행기

프로펠러가 돌면서
비행기가 앞으로 날아간다.

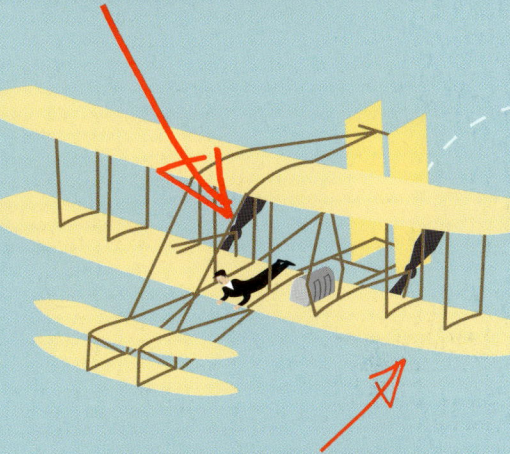

날개가 기울어져 있어서
공기는 아래로, 날개는 위로 밀어 올려
비행기가 떠오른다.

하인켈 He 178
(1939년 독일)
최초의 제트기

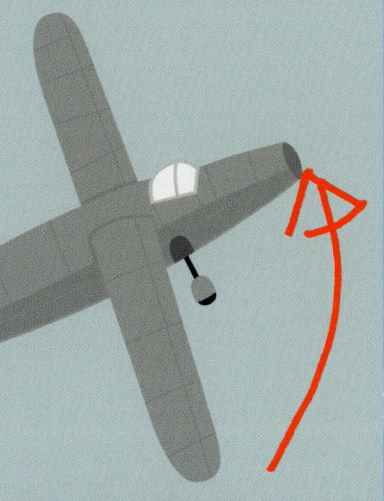

연소 가스가 타면서
엔진 앞에서 공기를 빨아들이고
뒤로 분출하는 힘으로
비행기가 앞으로 나아간다.

벨 X-1 (1947년 미국)
최초의 초음속기

강력한 엔진과
날렵한 '유선형' 동체 덕분에
비행기가 쉽게 하늘을 날 수 있다.

한눈에 보는 지식
18 우주선

비행기를 타고는 우주까지 나갈 수 없습니다. 비행기가 날기 위해서는 공기가 필요하지만, 우주에는 공기가 없기 때문입니다. 우주로 가는 유일한 방법은 로켓입니다.

1926년, 미국의 로버트 고더드는 산소 공급 장치를 이용해 액체 연료를 태우는 로켓을 발명했습니다. 로켓 덕분에 우주선을 우주로 보낼 수 있게 되었습니다. 우주 시대가 열린 것이지요. 그 후 로켓과 우주선은 계속 발전하고 있습니다.

1961년, 소련의 보스토크 1호는 유리 가가린을 지구 궤도에 올려놓은 최초의 유인 우주선이었습니다. 8년 후, 거대한 로켓 엔진을 단 미국의 우주선 아폴로 11호가 세 명의 우주인을 달에 착륙시켰습니다. 이후로 우주선은 태양계의 모든 행성과 수많은 위성을 탐사했고, 우주인들을 우주 정거장에 데려갔습니다.

우주선은 중력, 전기, 태양빛 등 다양한 방법으로 우주를 항해할 수 있지만 아직까지 우주선이 우주로 나가는 방법은 로켓을 쏘아 올리는 것뿐입니다.

한줄요약
로켓의 발명으로 우주선을 우주로 쏘아올릴 수 있게 되었습니다.

풍선 로켓 만들기
준비물 실 8m, 빨대, 풍선, 접착테이프, 도와줄 어른 1명
실험 방법
① 실을 빨대에 통과시킵니다.
② 풍선을 불어서 바람이 빠지지 않도록 입구를 쥐고, 접착테이프로 빨대를 풍선에 붙입니다.
③ 실을 팽팽하게 당긴 다음에 풍선을 놓아 보세요.

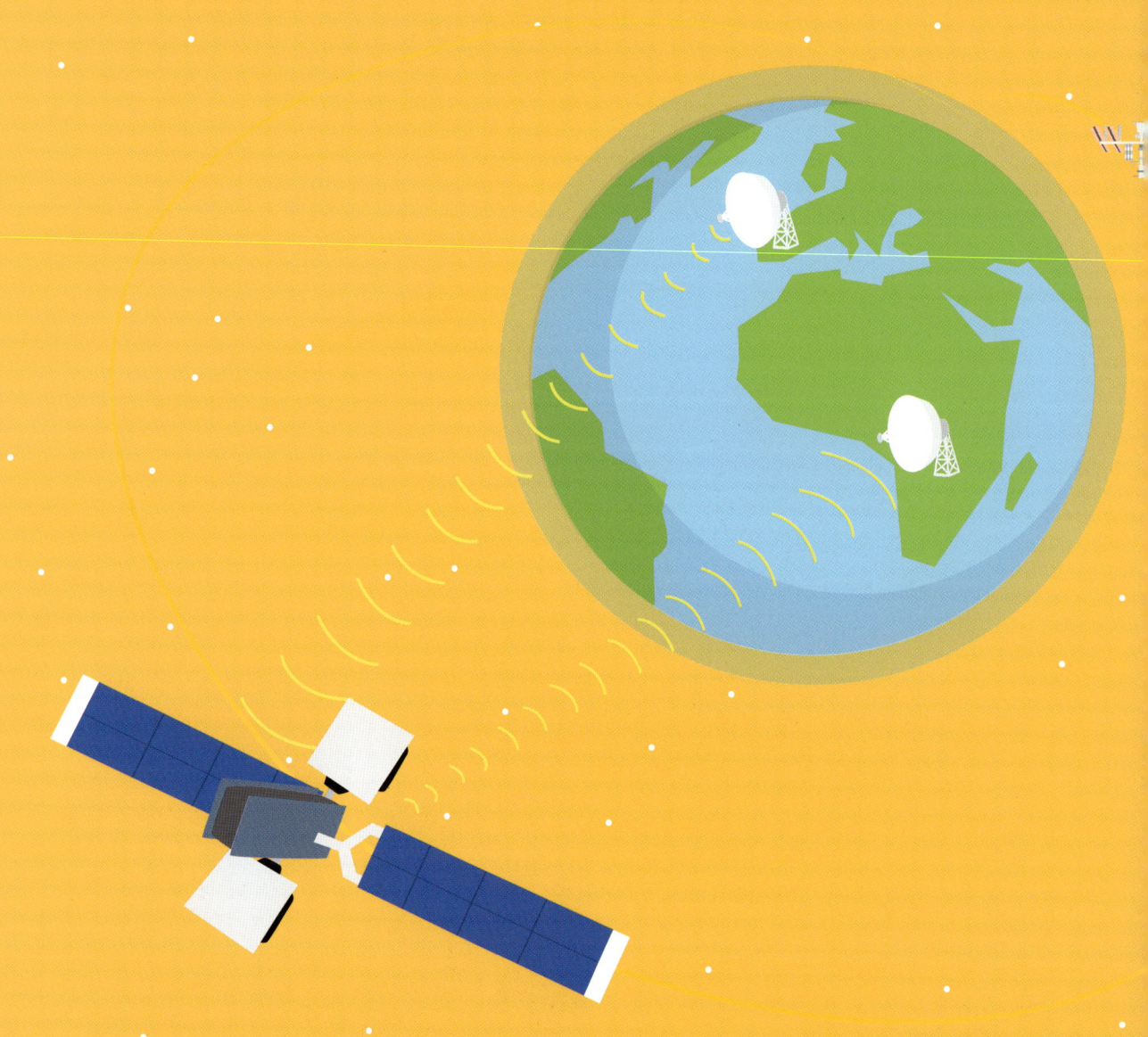

새로운 발견

사람들이 세상을 이해하는 데에는 많은 발명품이 도움을 주었습니다. 오늘날 우리는 궤도를 도는 위성을 통해 지구를 볼 수 있으며, 우주 망원경을 통해 수조 km 떨어진 별을 관찰할 수도 있습니다. 그리고 이 모든 것을 알아내기 위해 엄청나게 강력한 컴퓨터를 이용한답니다.

새로운 발견
읽기 전에 알아두기

굴절 파동이 구부러지거나 꺾이는 현상.

극 지축의 양쪽 끝. 북극과 남극을 말한다.

렌즈 빛을 굴절시키는 형태를 가진 유리 또는 플라스틱 물체.

수학조견표 전자 계산기가 대중적으로 보급되기 전에 사물의 양이나 성질 따위를 나타낸 수치를 이용하기 쉽도록 만든 표. 이러한 조견표를 통해 계산 속도면에서 효율적이었다.

엑스레이 피부를 통과하여 이동하는 전자기 복사의 한 종류.

원자 물질을 구성하는 기본 입자로, 중성자와 전자 등 자신보다 훨씬 더 작은 입자들로 이루어져 있다.

위성 항법 장치(GPS) 인공위성을 이용하여 자신의 위치를 정확히 알아낼 수 있는 시스템.

인공위성 우주에서 지구 주위를 도는 인공적인 천체.

인터넷 전 세계의 컴퓨터가 서로 연결되어 정보를 교환할 수 있는, 하나의 거대한 컴퓨터 통신망.

중력 지구와 물체가 서로 당기는 힘. 중력으로 우리가 땅에 서 있고, 달이 지구 주위를 돈다.

컴퓨터 다양한 종류의 데이터를 처리하는 기계. 넓은 의미에서 보면 계산을 할 수 있는 기기 를 말한다.

톱니바퀴 둘레에 일정한 간격으로 톱니를 내어 만든 바퀴. 톱니가 서로 맞물려 돌아감으로써 동력을 전달한다.

한눈에 보는 지식
19 망원경

과학자들은 지금까지 우주에 관한 많은 것을 알아냈습니다. 우주에 관해 알아낸 많은 것들은 모두 망원경 덕분입니다. 망원경은 멀리 있는 사물을 더 가깝고 밝게 보여 주기 때문이지요.

망원경은 1608년 네덜란드의 안경 제조업자인 한스 리퍼세이가 발명했습니다. 다음 해, 이탈리아의 과학자 갈릴레오 갈릴레이는 밤하늘을 관찰할 수 있는 망원경을 만들었습니다. 갈릴레이는 지난 10000년 동안 발견된 것보다 더 많은 것을 며칠 밤 사이에 발견했습니다. 망원경의 비밀은 바로 '렌즈'입니다. 유리처럼 투명한 물질로 만들어진 렌즈는 망원경을 통과하는 빛의 방향을 바꿉니다.

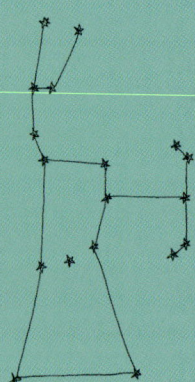

갈릴레이의 망원경은 두 개의 렌즈를 사용했습니다. 큰 렌즈는 빛을 모으고, 작은 렌즈는 초점을 모아 줍니다.

1671년, 아이작 뉴턴이 큰 렌즈를 구부러진 거울로 바꾸었고, 그 이후로 모든 커다란 망원경은 이러한 설계를 기초로 만듭니다. 지금은 우주의 절반 가까이를 내다볼 수 있는 망원경도 있을 정도랍니다.

한줄 요약
망원경은 먼 곳에 있는 물체를 더 가깝고 밝게 보여 줍니다.

망원경 만들기

준비물 작은 돋보기 1개, 큰 돋보기 1개

만드는 방법
① 멀리 있는 물체 중에서 뚜렷하게 보이는 것을 고르세요.
② 작은 돋보기를 한쪽 눈에 가까이 댑니다.
③ 큰 돋보기를 작은 돋보기에 가까이 대고 물체를 바라보며, 물체의 모습이 뚜렷하고 선명해질 때까지 간격을 벌려 봅니다.

*절대 맨 눈으로 태양을 바라보면 안 됩니다.

밤하늘을 관찰하는 망원경에는 크게 두 종류가 있다.

굴절 망원경은 두 개의 렌즈를 사용한다.

반사 망원경은 렌즈와 거울을 사용한다.

큰 렌즈는 들어온 빛을 굴절시켜 초점으로 모은다.

눈으로 보는 쪽에 있는 접안렌즈는 선명한 상을 만든다.

큰 곡면 거울은 들어온 빛을 반사시켜 초점으로 모은다.

두 번째 거울은 빛을 망원경 옆으로 반사시킨다.

접안렌즈가 선명한 상을 만든다.

한눈에 보는 지식
20 엑스선

엑스(X)선은 1895년 독일의 과학자 빌헬름 뢴트겐이 우연히 발견했습니다. 그는 관에 전기를 통과시키는 실험을 하고 있었는데, 근처에 있던 바륨을 바른 마분지에서 이상한 빛이 나는 것을 발견했습니다. 그가 전기를 켜고 끌 때 빛도 함께 나타났다가 사라졌습니다. 뢴트겐은 이 모습을 보고 보이지 않는 선, 즉 엑스선이 관에서 마분지로 이동한 것이라고 생각했습니다.

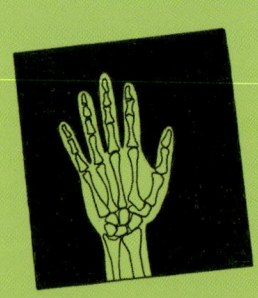

뢴트겐은 엑스선이 피부와 같은 몇몇 물질을 쉽게 통과한다는 것을 발견했고, 뼈는 통과하지 못한다는 사실을 알아냈습니다. 뢴트겐은 이를 이용해 뼈 모양이 찍힌 엑스선 사진을 찍었습니다. 최초의 엑스선 사진은 뢴트겐 아내의 손이었습니다. 그녀는 "나의 죽음을 보았다"라며 두려워했답니다.

그 후 엑스선을 이용해 찍은 엑스레이로 많은 사람의 몸속을 볼 수 있게 되면서 수많은 생명을 구했습니다. 오늘날 엑스선은 천문학이나 원자 구조를 조사하는 등 훨씬 더 다양한 용도로 사용되고 있습니다.

한줄요약
엑스선은 몸속을 볼 수 있게 하는 눈에 보이지 않는 광선입니다.

엑스선 실험하기
준비물 앞부분이 넓은 손전등
실험 방법
① 어두운 방에서 손전등 끝에 손을 대고 켭니다.
② 손의 모양을 관찰합니다.
→ 엑스레이처럼, 밝은 빛은 피부를 통과하지만 뼈는 통과하지 않습니다.

엑스선의 발견으로
사람의 몸과 세상을 이해하는
방식이 바뀌었다.

엑스선 기계는 의사들이 환자의 몸을 열지 않아도 피부 밑에 무엇이 있는지 알 수 있게 해 준다.

찬드라 엑스선 망원경은 지구 궤도를 돌면서 오래전 별의 폭발로 생성된 엑스선을 감지한다.

엑스선이 여기로 들어간다.

태양광 패널

엑스레이 사진기는 여기 있다.

한눈에 보는 지식
21 컴퓨터

영국의 천재 수학자 찰스 배비지는 눈에 거슬리는 것을 참기 힘들어 했습니다. 그 중 하나가 사람이 손으로 적어 놓은 수학조견표의 수많은 오류였습니다. 이 수학조견표는 다리 건설부터 은행 업무, 항해 등 많은 일에 사용되고 있었습니다. 1812년 배비지는 계산 결과를 자동으로 검산하고, 이와 동시에 인쇄를 할 수 있는 계산기를 만들기로 결심했습니다.

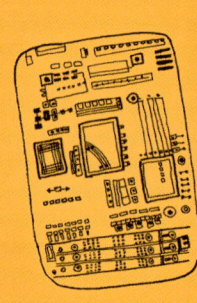

배비지가 만든 기계식 계산기를 차분 기관이라고 했습니다. 그는 차분 기관보다 훨씬 더 근사한 아이디어를 가지고 있었습니다. 계산 결과가 자동으로 저장되고 명령에 따라 계산 과정을 바꿀 수 있는 해석 기관을 만들려고 했습니다. 오늘날에는 이것을 컴퓨터라고 합니다. 안타깝게도 배비지가 살아 있을 때 해석 기관은 완성하지 못했습니다. 해석 기관을 만들 수 있을 만큼 톱니바퀴가 정교하지 못했고, 또 톱니바퀴가 너무 많이 필요했기 때문입니다.

1940년대에 전자식 컴퓨터가 만들어졌습니다. 컴퓨터는 처음에 계산용으로 이용됐지만 지금은 우리의 일상 생활에서 데이터 처리, 사무 관리, 언어나 영상 등에 광범위하게 이용된다.

한줄요약
컴퓨터는 처음에 계산을 쉽고 빠르게 해 주는 계산기에서 시작되었다.

정보 압축하기
모든 컴퓨터는 정보를 처리하는 일을 합니다. 공간과 시간을 절약하기 위해 컴퓨터는 주로 정보를 '압축'합니다. 즉 동일한 정보를 저장하지만, 공간은 덜 차지하지요.
직접 해 봅시다. 여러분이 잘 아는 노래 가사를 써 봅니다. 중복되는 말을 지웁니다. 어떤 노래인지 알 수 있나요? 친구에게 보여 주고 어떤 노래인지 알아맞히게 해 보세요.

처음으로 만들어진 전자식 컴퓨터는 부피가 크고 여러 문제가 있었지만, 곧 더 작고 더 좋은 컴퓨터가 만들어졌다.
지금도 컴퓨터는 점점 더 작아지고, 성능은 좋아지고 있다.

최초의 기계식 계산기인 찰스 배비지의 차분 기관은 톱니바퀴로 계산하는 기계였다.

최초의 전자식 컴퓨터 에니악은 군사용이었고 거대했다. 에니악은 여러 개의 방을 차지할 정도로 컸고, 계산을 수행하기 위해 2만 개가 넘는 전자 부품을 사용했다.

오늘날 매우 강력한 컴퓨터의 중앙 처리 장치(CPU)는 아주 작은 마이크로칩 안에 들어가 있다.

한눈에 보는 지식
22 인공위성

위성은 우주에서 지구의 궤도를 도는 물체를 말합니다. 달은 지구를 도는 자연 위성이지만, 우주선이 궤도로 쏘아 올린 인공위성도 있습니다. 최초의 인공위성은 1957년 소련에서 쏘아 올린 스푸트니크 1호입니다. 그 뒤 많은 인공위성이 지구 궤도를 돌고 있습니다.

인공위성이 지구 궤도에 올라가면, 에너지가 없어도 계속 궤도를 돌 수 있습니다. 이것은 지구의 중력 때문입니다. 지구와 멀어질수록 더 느리게 움직이지요.

인공위성은 전파로 지구와 통신하며 많은 일을 합니다. 어떤 인공위성은 궤도를 도는 우주망원경으로, 지구에서 보는 것보다 더 선명하게 우주를 관찰합니다. 우주인들이 머물면서 연구하는 우주 정거장도 인공위성입니다. 이 밖에 기상을 관측하는 기상 위성, 인터넷이나 전화, 텔레비전 등을 연결해 주는 통신 위성 등이 있습니다. 우리가 많이 이용하는 위성 항법 장치(GPS)도 인공위성에서 보내는 정보를 바탕으로 합니다.

한줄요약
발사된 인공위성은 지구 궤도를 돌면서 여러 가지 일을 합니다.

위성의 속도 실험
준비물 플라스틱 접시 한 개, 테니스 공 한 개

실험 방법
① 크고 가벼운 플라스틱 접시에 테니스 공을 올려놓습니다.
② 테니스 공이 접시 가장자리를 돌도록 움직입니다.
→ 공이 너무 느리면 공이 접시 중앙으로 떨어지고, 너무 빠르면 접시 밖으로 떨어집니다. 인공위성도 너무 느리면 지구의 중력이 인공위성을 아래로 끌어당기고, 너무 빠르면 궤도를 벗어나 우주 너머로 날아갈 것입니다.

인공위성은
지구 주위를 돌며
다양한 일을 한다.

국제 우주 정거장은 여러 나라의
우주 비행사들이 사는 연구실이다.

프랑스의 스폿 위성은
지구의 기후를 관측한다.

인공위성 인텔샛 28호는
전파를 이용해, 텔레비전과 인터넷
신호를 전송한다.

달

67

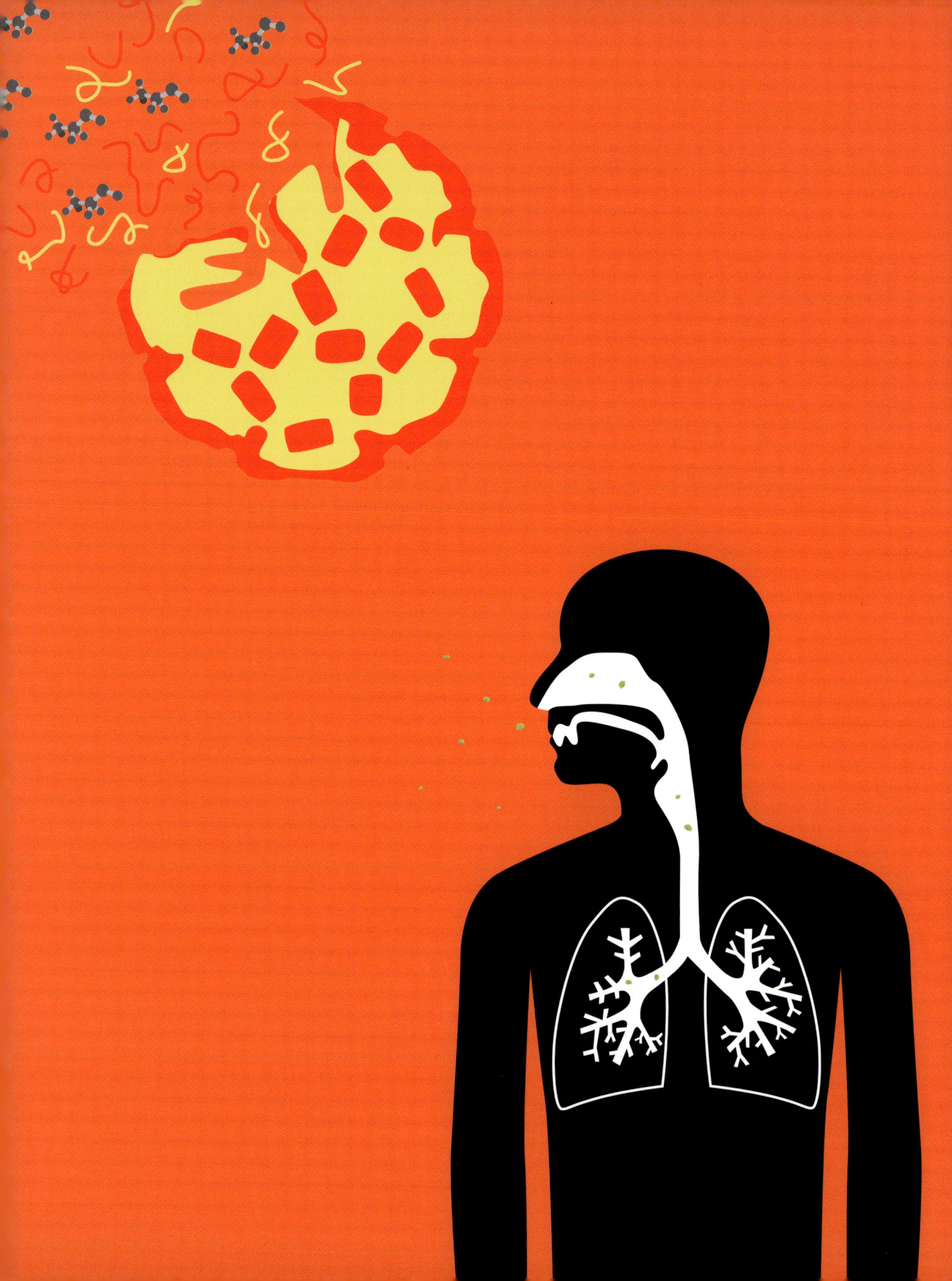

의학

사람이 가장 발명하고 싶어 하는 것은 무엇일까요? 아마도 사람의 생명을 연장하거나 병을 치료할 수 있는 약이나 치료법일 것입니다.
의학 분야에서 최초의 발명품은 자연 물질에서 나왔습니다. 사람을 치료할 수 있다고 밝혀진 약초 등이었겠지요. 과학이 점점 발전하면서 오늘날에는 질병에 알맞은 약이나 치료법이 많이 발견되었습니다.

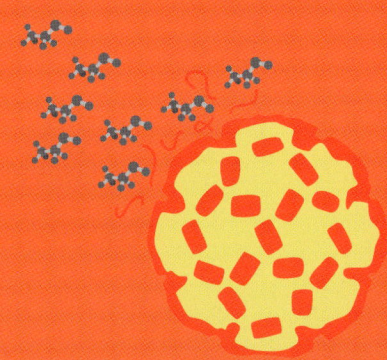

의학
읽기 전에 알아두기

마취제 수술을 할 때 환자가 고통을 느끼지 않도록 하기 위해 사용하는 화학 물질.

면역 몸속에 들어온 병의 원인이 되는 미생물에 대항하는 항체를 생산하여 다음에는 그 병에 걸리지 않도록 된 상태. 또는 그런 작용.

미생물 현미경으로만 볼 수 있는 아주 작은 생물이나 복잡한 화학 물질.

바이러스 생물체의 특징을 가진 복잡한 화학 물질. 바이러스는 미생물이며, 대부분 병을 일으킨다.

백신 특정 질병에 걸리지 않도록 생체에 주사하는 의약품의 한 종류.

세균 너무 작아서 눈에 보이지 않는 생물로, 질병을 일으킬 수 있다.

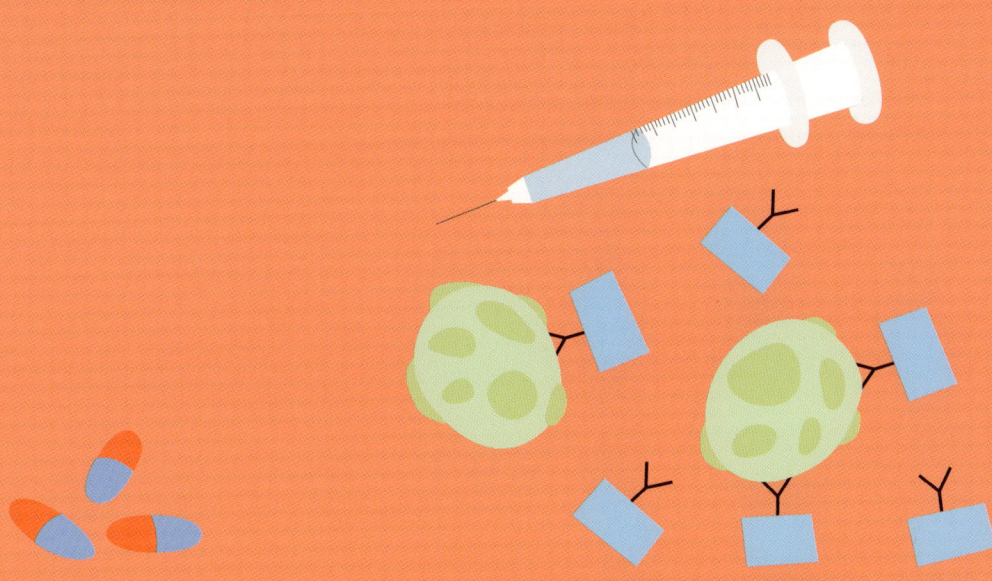

심박 조율기 심장이 좋지 않은 사람의 몸 안에 넣어 심장이 규칙적으로 뛰도록 돕는 장치.

이식 살아 있는 조직이나 장기를 생체로부터 떼어 내어, 같은 개체의 다른 부분 또는 다른 개체에 옮겨 붙이는 일.

인공 기관 신체 손실 부위의 인공적인 대용물. 의수, 의족, 의안, 의치 따위이다.

전신 마취 일시적으로 온몸의 감각이나 의식을 마비시키는 일. 주로 외과 수술을 할 경우에 마취제를 써서 행한다.

천연두 천연두 바이러스가 일으키는 전염병. 과거에 수백만의 목숨을 앗았던 위험한 전염병.

항생제 미생물이나 생물 세포를 선택적으로 억제하거나 죽이는 약. 페니실린 등이 있다.

한눈에 보는 지식
23 백신

18세기까지 천연두는 아주 위험한 전염병이었습니다. 수많은 사람이 목숨을 잃었을 뿐만 아니라, 살아 남았다고 하더라도 얼굴에 끔찍한 흉터가 남았습니다.

1760년대, 영국 시골의 평범한 의사였던 에드워드 제너는 소젖을 짜는 여자들이 천연두에 걸리지 않는다는 소문을 듣고 이를 조사했습니다. 조사 결과 제너는 젖소에게 우두라는 질병을 옮아서 앓은 적이 있다는 사실을 알게 되었습니다. 우두는 천연두와 비슷하지만, 그리 위험하지 않은 질병이었습니다.

제너는 우두에 걸린 여자의 물집에서 뽑은 고름을 건강한 남자아이의 상처에 주입하여 우두에 감염시키는 실험을 했습니다. 우두에 걸린 남자아이는 곧 건강해졌습니다. 그 후 제너는 그 아이에게 천연두를 감염시켰지만, 천연두에 걸리지 않았습니다. '면역'이 되어 있었던 것이지요. 이것이 최초의 백신입니다. 그 후 백신은 전염병에 걸린 수많은 사람들의 목숨을 살렸고, 19세기에는 다양한 종류의 백신이 개발되었습니다.

한줄요약
백신의 발명은 제너의 종두법에서 시작되었습니다.

목숨을 앗아가는 질병

백신이 감염병에 대비해 쓰이게 된 것은 프랑스의 루이 파스퇴르 덕분입니다. 파스퇴르는 닭콜레라를 예방하는 백신을 개발했고, 곧이어 콜레라 백신을 개발했습니다. 콜레라는 당시 수천만 명의 목숨을 앗아간 무서운 전염병이었습니다.
1896년에는 장티푸스 백신이 만들어졌고, 제1차 세계 대전 당시 군대에서 사용되었습니다.

예방 접종은 홍역부터 독감에 이르기까지
수많은 질병에 걸리지 않도록 도와준다.

백신을 접종하면,
항원이라고 불리는 약한 바이러스가
혈액 안으로 들어간다.

우리 몸은 면역 세포를 만들고,
면역 세포는 항원에 달라붙는다.

면역 세포

항원

실제로 강한 독감 바이러스가
들어와도, 면역 세포가
이들과 싸울 준비를 하고 있다.

면역 세포는
독감 바이러스를 공격하여
죽인다.

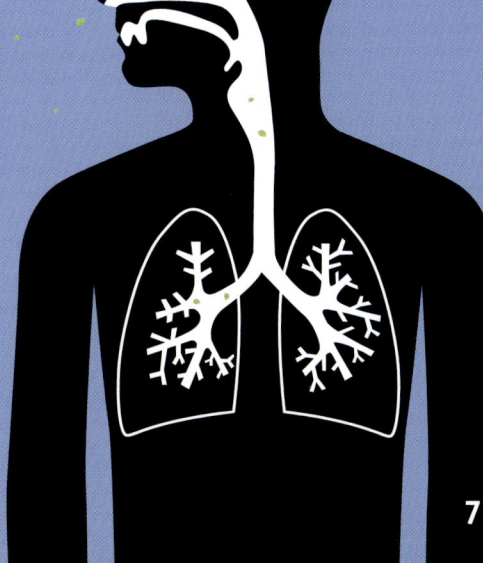

한눈에 보는 지식
24 마취제

수백 년 전의 수술은 고문이나 다름없었습니다. 환자들은 의사가 수술을 하는 동안 꽁꽁 묶인 채로 그 통증을 고스란히 느껴야 했습니다.

1799년, 영국의 화학자 험프리 데이비가 놀라운 발견을 했습니다. '아산화질소'를 마신 사람은 웃음이 나오고 고통을 덜 느낀다는 점을 알게 된 것이지요. 나중에는 더 좋은 효과를 가진 다른 화학 물질들이 발견되었습니다. 어떤 화학 물질은 사람들이 깊은 잠에 빠져 고통을 느끼지 않게 하는데 이것을 마취제라고 합니다.

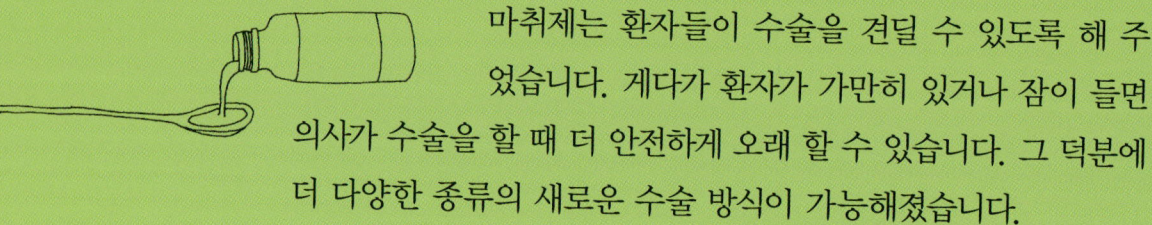

마취제는 환자들이 수술을 견딜 수 있도록 해 주었습니다. 게다가 환자가 가만히 있거나 잠이 들면 의사가 수술을 할 때 더 안전하게 오래 할 수 있습니다. 그 덕분에 더 다양한 종류의 새로운 수술 방식이 가능해졌습니다.

1897년 아스피린이 발명되자, 두통과 같은 흔한 통증을 줄여줄 수 있게 되었습니다. 이제 통증을 조절하는 것은 의학의 중요한 부분이며, 여러 종류의 고통을 줄이거나 없앨 수 있습니다.

한줄요약
마취제 덕분에 환자가 통증을 느끼지 않고도 수술을 할 수 있게 되었습니다.

마취제가 없을 때는 어떻게 수술했을까?

19세기 이전까지 수술은 목숨을 건 아주 위험한 치료 방법이었습니다. 마취제가 없었기 때문에 끔찍한 통증을 참기 위해 낡은 나무 토막을 입에 물었고, 살아 남을 가능성도 크지 않았습니다. 몇몇 런던에 있던 병원에서는 수술을 받은 환자 10명 중 8명이 사망했습니다. 그래서 수술을 권유 받은 대부분의 환자들은 수술을 거부했습니다.

마취제가 발명되자, 수술받는 환자들은 통증을 느끼지 않고 수술을 받을 수 있었으며, 수술도 훨씬 안전해졌다.

마취제가 발명되기 전에 수술은 외과 의사들이 환자를 살릴 다른 방법이 없을 때 선택하는 마지막 치료법이었다.

'웃음 가스'라고 불리는 아산화질소는 최초의 마취제로, 뇌에 고통 신호를 보내는 신경을 마비시킨다.

큰 수술이 필요한 환자들은 전신 마취를 시켜 깊은 잠에 빠지게 한다. 전신 마취 덕분에 외과 수술이 놀랍도록 발전할 수 있었다.

한눈에 보는 지식
25 항생제

19세기에 과학자들은 현미경으로만 볼 수 있는 작은 미생물이 질병을 일으킨다는 사실을 밝혀냈습니다. 어떤 것은 세균이라고 불리는 아주 작은 생명체이고, 어떤 것은 바이러스라고 불리는 복잡한 화학 물질입니다.

질병을 일으키는 것이 세균이라는 것이 밝혀지자, 세균을 없애는 방법을 찾는 데까지 시간이 그리 오래 걸리지 않았습니다. 예를 들어, 우유 속에 들어 있는 세균은 끓이는 것으로도 없앨 수 있었습니다. 하지만 사람들의 몸속에 있는 세균을 없애는 방법은 훨씬 어려웠습니다.

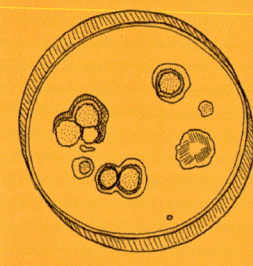

수술을 받는 사람들은 세균 감염 때문에 목숨을 잃는 경우가 많았습니다. 영국의 의사 조지프 리스터는 1867년, 페놀을 사용한 소독 살균제를 생각해 냈습니다. 페놀은 피부나 수술 도구에 있는 세균을 죽이는 화학 물질입니다.

1928년에 알렉산더 플레밍은 몸속 세균을 죽이는 강력한 물질을 발견했습니다. 플레밍은 블루치즈에서 자란 곰팡이에서 얻은 물질을 페니실린이라고 했습니다. 페니실린은 몸속 세균을 죽이는 최초의 항생제입니다. 페니실린은 오늘날에도 사용되고 있습니다.

한줄요약
소독제와 항생제는 세균을 죽이고 생명을 구합니다.

곰팡이 배양 실험

준비물 우유, 투명한 컵 2개, 비닐 랩, 도와줄 어른 1명

실험 방법
① 팔팔 끓여서 식힌 우유를 두 개의 컵에 반 정도씩 채웁니다.
② 컵 한 개는 비닐 랩으로 씌우고, 다른 컵은 씌우지 않습니다.
③ 컵 두 개를 따뜻한 곳에 두고 1주일 동안 관찰합니다.
⋯▶ 비닐 랩을 씌우지 않은 컵에만 곰팡이가 생깁니다. 밀폐된 컵은 세균이 없는 상태로 남아 있습니다.

항생제는 몸속의 세균을 없앤다.

페니실린은 세균의 세포벽을 파괴하여 세균을 없앤다.
세균은 스페로플라스트라고 불리는
내부 물질이 흘러나오며 죽는다.

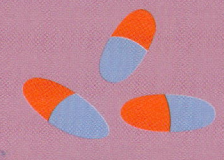
항생제

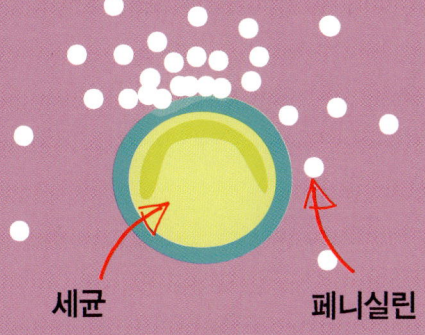
세균   페니실린

스페로플라스트

소독제는 몸에 붙어 있는
세균이나 바이러스를 없앤다.

에탄올(소독제)은
바이러스를 구성하는 막을 파괴한다.

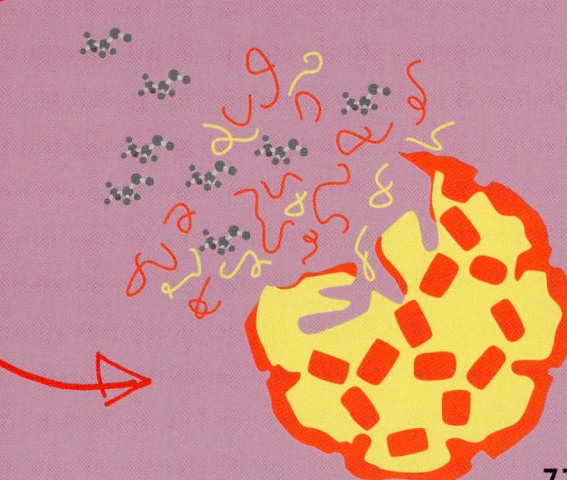

소독제로 닦으면 세균이나
바이러스가 몸속으로 들어가기
전에 죽는다.

에탄올

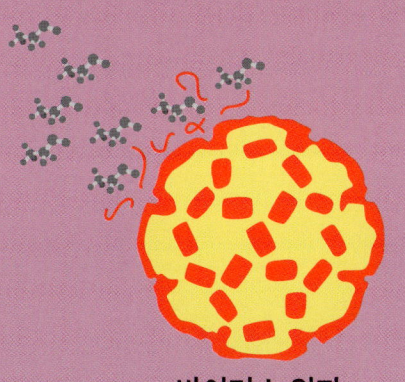

바이러스 입자

77

한눈에 보는 지식
26 인공 기관

우리 몸은 제각각 다른 일을 하는 수많은 기관으로 이루어져 있습니다. 기계가 고장 나거나 닳거나 손상되면 필요한 부품을 교체하듯이 우리 몸도 마찬가지입니다.

우리 몸의 일부를 대체하는 장치를 인공 기관, 또는 인공 장기라고 합니다. 그중에서 발이나 손의 기능을 대체하는 기관을 인공 사지라고 합니다. 인공 사지는 수천 년 전부터 있었습니다. 나무로 만든 의족이나 갈고리가 달린 손과 같은 단순한 형태였지요. 오늘날의 인공 사지는 진짜 발과 손과 똑같이 생겼습니다. 1964년에 발명된 '근전도' 장치를 사용하면 뇌의 전기 신호에 따라 팔이나 다리를 움직일 수도 있습니다.

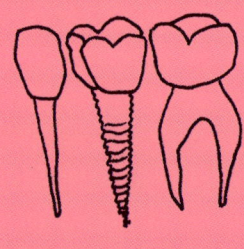

1932년에 몸속에 집어넣은 최초의 기관 가운데 하나인 인공 심박 조율기가 발명되었습니다. 그 후 인공 치아, 청각 및 시각 장치 등 많은 인공 기관들이 발명되었습니다. 최근 과학자들은 살아 있는 세포로 인공 기관을 배양하기 시작했습니다. 언젠가 인공 기관이 모든 신체 부위를 대체할 수 있을지도 모릅니다.

한줄요약
손상된 신체 부위를 대체하는 인공 기관이 더욱 발전하고 있습니다.

나만의 인공 기관 발명하기

미래에는 인공 기관 덕분에 사람의 신체 능력이 좋아질지도 모릅니다. 더 오래 뛰는 심장, 오염 물질을 걸러 주는 폐, 강력한 근육, 심지어 뇌에 기억 장치를 추가하거나 적외선을 보는 일도 가능해질 것입니다.
여러분은 어떤 인공 기관을 발명하고 싶나요? 머릿속으로 떠올려 본 후에, 그림을 그리고 이름과 설명을 덧붙여 보세요.

우리 신체의 일부가 망가지거나
손상을 입으면 그 부분을
인공 기관으로 대체할 수 있다.

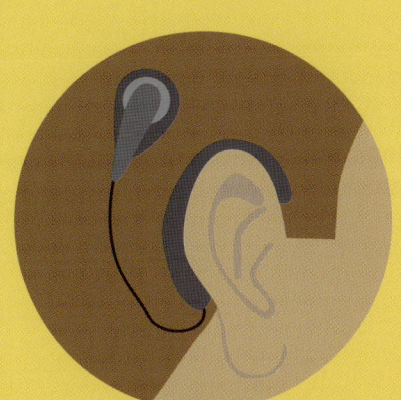

인공 귀는
청각 장애인이
마이크로폰으로
신호를 받아서 들을 수
있도록 한다.

인공 눈은
시각 장애인의 뇌에
전기 신호를 보내어
시력을 회복시켜 준다.

뇌가 조종하는 로봇 팔은
근육 대신 모터를
사용한다.

금속으로 만든 공과
컵 모양의 인공 관절은
손상된 고관절을 대체한다.
신체에 나쁜 영향을
미치지 않는 재료로 만든다.

인공 심박 조율기는
심장에 전기 신호를 주어
심장의 박동을
조절한다.

산업

우리가 사는 세상은 하나의 거대하고 복잡한 발명품과 같습니다. 식량을 재배하고, 상품을 만들어 팔고, 건물을 짓고, 전력을 생산하는 여러 활동으로 가득 차 있습니다. 이러한 시스템을 산업이라고 합니다. 산업은 몇 가지 중요한 발명품에 기반을 두고 있습니다.

산업
읽기 전에 알아두기

라듐 어둠 속에서 빛나며 불안정한 방사성 원소. 본래는 은백색이나 공기 중에 산화하여 검은색으로 변한다. 1898년에 퀴리 부부가 우라늄 광석에서 발견하였다.

레이저 매우 강력하고 높은 에너지를 가진 단색의 광선을 방출하는 장치.

로봇 사람 대신 복잡한 작업을 수행하도록 프로그래밍한 기계.

루비 레이저에 처음으로 사용된 붉은색을 띠는 고급 보석.

방사성 위험한 전자기파 혹은 입자를 방출하는 성질.

보일러 물을 가열하여 고온, 고압의 증기나 온수를 발생시키는 장치.

분열 둘 이상으로 쪼개지는 현상.

에너지 다른 일을 일어나게 하는 것. 전기, 방사능, 열, 빛 그리고 소리는 모두 에너지 종류이다.

와이파이(Wi-Fi) 전선 대신 전파를 이용해 전자기기를 서로 연결하거나 인터넷에 연결할 수 있는 무선 기술.

우라늄 원자로에서 연료로 사용하는 방사성 원소.

원소 더 단순한 물질로 분해되지 않는 성분. 이것을 바탕으로 다른 모든 물질이 만들어진다.

원자 물질을 구성하는 기본 입자. 중성자와 전자 등 자신보다 훨씬 더 작은 입자들로 이루어져 있다.

원자로 핵연료를 사용하여 전력을 생산하는 장치.

중성자 수소를 제외한 기본적으로 원자를 구성하는 입자. 핵에서 튀어나와 다른 원자와 부딪혀 핵분열을 일으키기도 한다.

터빈 바람, 물 또는 증기의 힘으로 도는 바퀴가 있는 장치. 터빈이 회전하며 다른 장치도 돌아간다.

트랜지스터 전기 흐름의 방향이나 크기를 제어하는 장치.

핵 세포나 원자의 중심부.

한눈에 보는 지식
27 트랜지스터

텔레비전, 컴퓨터, 휴대 전화 등의 기계는 전기로 움직입니다. 전기로 움직이는 모든 전자 기기의 기본 구성 요소는 트랜지스터입니다. 모든 전자 기기에는 수백만 개의 트랜지스터가 들어가 있습니다.

트랜지스터는 물의 흐름을 조절하는 수도꼭지와 같습니다. 어떤 전자 기기를 어떻게 사용하느냐에 따라, 트랜지스터는 전선에 전기를 흘려보내거나 양을 늘리거나 멈추게 할 수도 있습니다. 1947년에 발명된 최초의 트랜지스터는 크기가 몇 cm였지만, 오늘날의 트랜지스터는 현미경으로 보아야 할 정도로 아주 작습니다.

트랜지스터가 더 작고, 더 견고하고, 더 오래 가고, 더 빠르고, 전력 소모량이 적어지는 쪽으로 발전한 덕분에 전자 기기들도 더 작고, 더 싸고, 더 강하고, 더 빨라졌습니다. 어떤 사람은 트랜지스터가 20세기의 가장 위대한 발명품이라고 말합니다. 트랜지스터가 없었다면 자동차, 세탁기, 컴퓨터는 우리가 일상생활에서 사용하기 힘들 정도로 아주 컸을 것입니다. 또 휴대 전화와 노트북과 같은 소형 전자 기기가 발명되지도 않았을 것입니다.

한줄요약
트랜지스터는 전자 기기를 더 작고, 더 빠르고, 더 싸게 만들었습니다.

트랜지스터와 라디오
트랜지스터가 발명되기 전에 라디오는 값이 비싸고 크고 무거웠으며 옮기기도 힘들었습니다. 1954년에 트랜지스터를 사용한 라디오는 싸고, 작았고, 배터리로 작동되었습니다. 그 덕분에 사람들은 원하는 곳에서 언제든지 사용할 수 있었습니다. 그래서 새로 나온 라디오를 '트랜지스터'라고 부르기도 했습니다.

한눈에 보는 지식
28 원자로

1902년, 프랑스의 과학자 퀴리 부부는 우라늄 광석에서 새로운 화학 물질을 뽑아내는 데 성공했습니다. 어둠 속에서 빛나는 이 화학 물질은 끊임없이 열을 뿜어냈습니다. 이 화학 물질이 방사성 원소의 하나인 라듐입니다.

방사성 원자는 붕괴, 즉 쪼개어지면서 열을 발생합니다. 방사성 원자는 붕괴할 때마다 중성자라는 아주 작은 입자를 방출하는데, 이 중성자는 또 다시 다른 원자핵의 분열을 연쇄적으로 일으키며 열을 방출합니다. 원자로는 중성자를 이용해 필요한 열에너지를 얻는 장치입니다.

1942년 미국의 과학자 레오 실라르드는 시카고 대학교에서 방사성 원소 우라늄을 사용한 세계 최초의 실험용 원자로를 건설하는 데 큰 역할을 했습니다. 우라늄 1g은 석탄 3백만t에 달하는 에너지를 생산합니다. 1950년대에 러시아를 비롯한 몇몇 국가에서 원자로에서 발생하는 열을 이용해 전기를 얻는 원자력 발전소가 건설되었습니다.

한줄요약
원자로는 방사성 원자가 쪼개지면서 열이 발생하는 원리를 이용합니다.

방사성 방출 실험
준비물 테니스공 10개, 휴지 심 9개

실험 방법
① 휴지 심을 모아 세운 다음, 그 위에 공을 9개 올립니다.
② 남은 하나의 공을 굴려 휴지 심을 넘어뜨려 봅니다.
→ 휴지 심이 넘어지면서 공들이 흩어질 것입니다. 공은 중성자와 같습니다. 하나가 방출되면, 곧 더 많은 중성자가 방출됩니다. 모든 공을 동시에 떨어지게 만들 수 있나요(핵폭탄)? 아니면 차례로 떨어뜨릴 수 있나요(핵 원자로)? 핵폭탄이 원자로보다 만들기 쉽다는 것을 알게 될 거예요!

원자로는 핵분열을 이용하여
에너지를 만든다.

뜨거워진 관이
보일러 안에 있는 물을 끓인다.

수증기가 뿜어져 나와
터빈을 돌린다.

원자로의
핵연료가 물을
아주 뜨겁게
데운다.

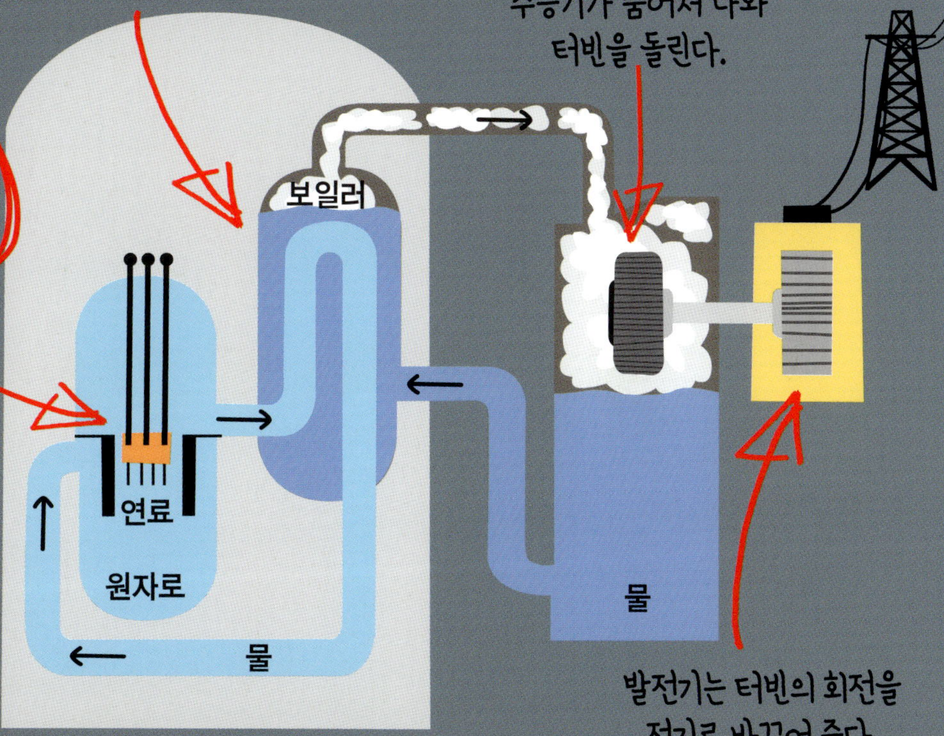

보일러

연료

원자로

물

물

발전기는 터빈의 회전을
전기로 바꾸어 준다.

핵분열은 중성자를 우라늄 원자에
충돌시켰을 때, 우라늄이
쪼개어지면서 더 많은 중성자와
에너지를 방출하는 현상이다.

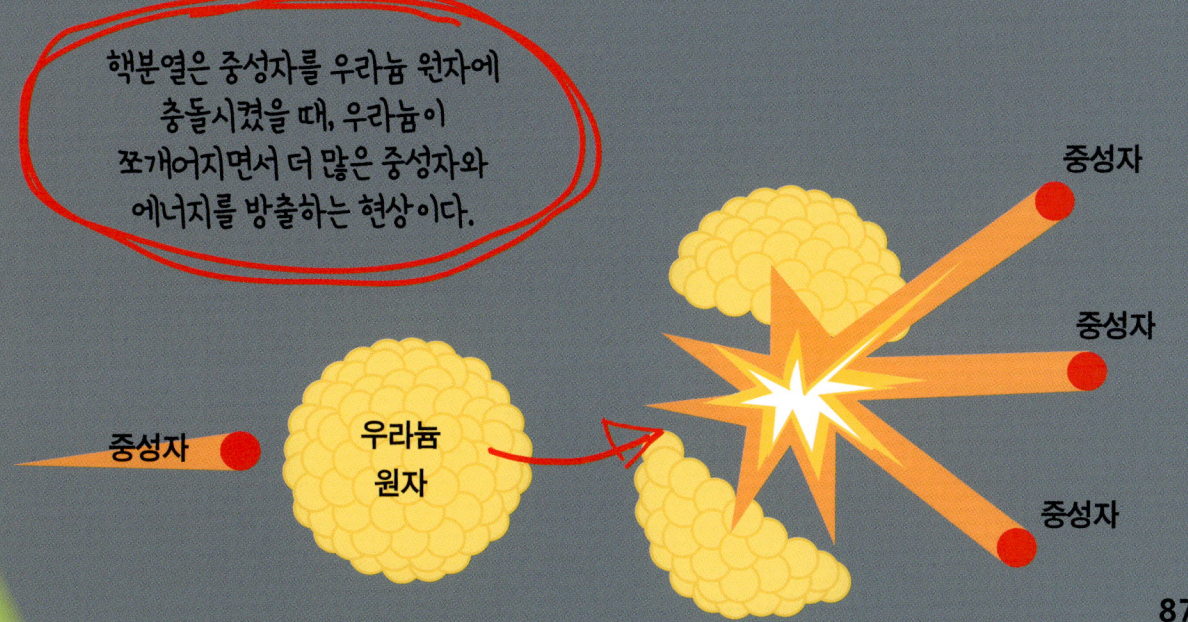

중성자

우라늄
원자

중성자

중성자

중성자

한눈에 보는 지식
29 레이저

레이저는 매우 특별한 빛을 만듭니다. 강하고 퍼지지 않으며 멀리 전달되는 빛줄기로, 하나의 작은 점에 초점을 맞출 수 있습니다. 미국의 과학자 알베르트 아인슈타인이 1917년에 레이저의 원리를 생각해 냈고, 1960년에 미국의 과학자 시어도어 메이먼이 최초로 레이저를 발명했습니다.

메이먼이 발명한 레이저는 붉은빛을 띤 보석인 루비의 양쪽에 반사 거울이 있는 모양이었습니다. 루비에 섬광을 비추면, 루비는 붉은빛을 내보냅니다. 이 빛 중 일부는 한쪽 거울에 반사되고, 거울에 반사된 빛은 루비를 통과해 다시 다른 쪽 거울로 반사됩니다. 이 빛은 거울 사이를 왕복하며 루비를 통과할 때마다 점점 더 밝아지면서 나아갑니다. 결국 곧게 진행하는 눈부신 빛이 만들어집니다. 이것이 바로 최초의 레이저 광선입니다.

1960년에는 레이저에서 나온 빛을 어디에 써야 하는지 몰랐습니다. 그래서 사람들은 레이저를 '문제를 찾는 해결책'이라고 불렀습니다. 하지만 지금은 레이저는 눈 수술, 금속 절단과 거리 측정 등 아주 정밀해야 하는 작업에 이용되고 있습니다.

한줄요약
레이저는 인공적인 빛으로, 정밀한 작업에 이용되고 있습니다.

인공 태양
레이저를 이용해 인공 태양을 만들 수 있습니다. 태양이 강렬한 열과 빛을 내는 것은 핵융합을 일으키기 때문입니다. 핵융합이란, 가벼운 다른 두 개의 원자핵이 더 무거운 원자핵으로 융합하며, 엄청난 에너지가 발생하는 것을 말합니다. 과학자들은 수소 덩어리에 강력한 레이저를 쏘면 온도가 수백만 도까지 올라가며, 태양 내부처럼 핵반응을 일으키게 된다는 사실을 알아냈습니다.

레이저로 만든 빛은 자연의 빛과 다른 특징이 있고, 자연의 빛이 할 수 없는 일에 사용된다.

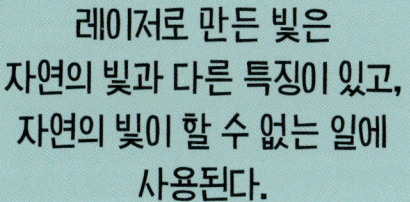

자연광은 파장이 각기 달라 여러 방향으로 퍼져 나간다. 하지만 레이저로 만든 인공광은 파장이 같아서 곧게 나아간다.

레이저 펜

레이저에는 네 가지 종류가 있다. 1등급은 가장 약한 빛이고, 4등급은 가장 강하다.

1등급
CD 및 DVD 플레이어

2등급
바코드 리더기

3등급
레이저 쇼

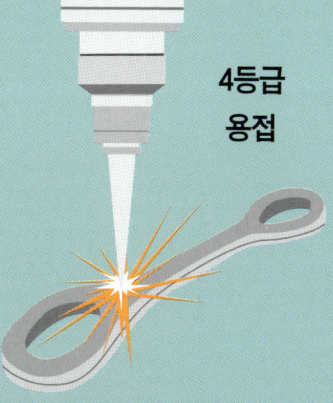

4등급
용접

한눈에 보는 지식
30 로봇

19세기 동안, 전 세계에 공장들이 세워졌습니다. 공장에서 하는 일은 단순하고 지루하고 힘들고 위험한 일이 많았습니다. 시간이 지나, 힘들고 반복적인 일은 기계가 대신할 수 있게 됐습니다. 하지만 이 기계들은 단 한 가지 일밖에 할 수 없었습니다.

과학자들은 사람처럼 스스로 복잡한 일을 할 수 있는 기계를 발명하기 위해 노력했습니다. 이 기계를 로봇이라고 합니다. 로봇은 인간처럼 뇌(컴퓨터), 근육(모터), 감각(센서)를 가지고 있습니다. 1961년, 미국의 자동차 공장에서는 산업용 로봇이 일을 시작했습니다. 최초의 산업용 로봇인 유니메이트는 다양한 작업을 하도록 프로그램 되어 있었지요.

오늘날 자동차나 컴퓨터 등을 만드는 공장에서는 로봇이 다양한 작업을 하고 있습니다. 로봇이 사람 대신 일하게 된 곳은 공장뿐만이 아닙니다. 우주 탐사, 해저 케이블 수리, 폭탄물 처리, 복잡한 수술 등 여러 분야에서 사람보다 뛰어나게 작업을 수행하기도 합니다.

한줄요약
로봇은 사람이 하기 힘든 일들을 수행할 수 있습니다.

나만의 로봇 설계하기
1. 먼저, 만들고자 하는 로봇이 무슨 일을 하게 할 건가요? 예를 들어 방 정리하기, 숙제하기, 나무 오르기, 개 산책시키기 등.
2. 로봇에게 필요한 기능이 무엇인가요? 예를 들어 진공청소기, 촉수, 올가미, 바퀴 등.
3. 로봇이 주변 상황을 어떻게 파악할 수 있나요? 와이파이에 접속하거나 레이더가 로봇에 내장되어 있을 수도 있습니다.
4. 상상한 로봇의 그림을 그리고 간단한 설명을 덧붙여 보세요.

로봇은 꼭 필요하지만 사람이 하기에는 반복적이고 지루하고 힘들고 위험한 모든 일을 할 수 있도록 프로그램을 짤 수 있다.

정찰 로봇은 와이파이를 이용해 소리와 사진을 본부로 전송한다.

자동으로 쥐는 힘을 조절할 수 있는 로봇 팔

무선 안테나

카메라

드릴로 지하 생물을 찾는다.

큐리오시티 로버는 화성을 탐사하며 약 2.5억 km를 이동했고, 스스로를 보호하기 위해 간단한 결정을 내릴 수 있다.

공장 조립 라인의 로봇 팔은 빠르고 정확하게 반복할 수 있어야 한다.

로봇 청소기

원격 제어 소방 로봇

지식 플러스
이 책에 나온 발명가들

굴리엘모 마르코니 (이탈리아, 1874~1937)

굴리엘모 마르코니는 어릴 때부터 물리학과 전기에 관심이 많았습니다. 그는 전선 없이 전파만으로 신호를 보내는 방법을 연구하기 시작했습니다. 처음에는 3km 거리까지 무선으로 신호를 보내는 장치를 개발했고, 점점 거리를 넓혀 나가 마침내 영국에서 캐나다까지 대서양을 가로질러 무선으로 신호를 전송하는 데 성공하였습니다. 1909년 마르코니는 무선 전신을 개발한 공로로 노벨 물리학상을 수상하였습니다.

윌버 라이트 (미국, 1867~1912), 오빌 라이트 (미국, 1871~1948)

윌버와 오빌은 어린 시절부터 비행에 관심이 많았습니다. 기계를 만지고 물건을 만드는 것도 좋아했습니다. 라이트 형제는 자전거를 판매하고 수리하는 사업을 시작했습니다. 그러던 중 비행기에 관심을 갖고 1903년 12월, 글라이더에 엔진을 달아 동력 비행기를 만드는 데 성공했습니다. 비행 시간은 12초밖에 되지 않았지만 새로운 시대를 여는 데는 충분한 시간이었습니다.

레오 실라르드 (미국, 1898~1964)

레오 실라르드는 컬럼비아 대학교에서 핵분열에 관한 연구를 했습니다. 그는 우라늄 핵분열 때 방출되는 두세 개의 중성자들이 주변에 있는 다른 우라늄 원자와 충돌하면 연쇄 핵반응을 일으킬 것이라는 것을 알아냈습니다. 그의 발견으로 최초의 원자로가 탄생했고, 핵에너지를 이용할 수 있는 길이 열렸습니다. 하지만 이러한 아이디어로 원자 폭탄이 개발되었고, 원자 폭탄을 전쟁에 사용하려고 하자 실라르드는 과학자들을 모아 반대했습니다.

로버트 고더드 (미국, 1882~1945)

로버트 고더드는 로켓을 우주로 쏘아올리는 꿈이 있었습니다. 로켓을 높이 쏘아올리려면 강력한 화약이 필요했습니다. 하지만 화약은 로켓을 우주로 쏘아 올릴 만큼 강력하지 못했습니다. 게다가 우주에는 공기가 없기 때문에 로켓 스스로 산소를 공급해야 합니다. 로버트 고더드는 세계 최초로 액체 상태의 산소를 연료로 사용하는 방법을 생각해 내고 특허를 받았습니다. 그가 개발한 액체 연료 로켓은 이후 우주로 발사하는 모든 우주선의 초석이 되었습니다.

루이 파스퇴르 (프랑스, 1822~1895)

루이 파스퇴르는 미생물이 질병과 발효의 원인이 된다는 것을 증명했습니다. 이를 바탕으로 광견병, 닭콜레라 등 여러 전염병에 대한 백신을 만들었습니다. 또한 음식의 영양과 맛을 지키면서 병균을 죽이는 저온 살균법을 개발했으며, 이는 지금까지도 널리 이용되고 있습니다. 파스퇴르가 프랑스 정부의 지원을 받아 세운 파스퇴르 연구소는 오늘날까지 전염병 퇴치를 위해 백신과 의약품을 개발하는 등 여러 연구를 수행하고 있습니다.

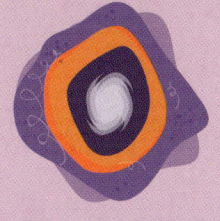

리처드 트레비식 (영국, 1771~1833)

트레비식은 광산에서 일하며 그곳에서 증기 기관에 관한 지식과 기술을 익혔습니다. 그는 기존의 증기 기관을 개선해 부피가 작으면서도 높은 압력을 만들어 내는 고압 증기 기관을 개발했습니다. 이 증기 기관을 이용해 만든 증기차로 1801년 시험 운전에 성공했고, 1804년에는 최초의 증기 기관차를 만들었습니다. 비록 증기 기관차는 아주 무겁고 속도는 느렸지만, 말이나 사람의 힘을 빌리지 않고 증기의 힘으로 이동한 최초의 기차였습니다.

마리 퀴리 (프랑스, 1867~1934)

마리 퀴리는 노벨 화학상와 물리학상을 모두 수상했습니다. 이 두 상을 모두 받은 사람은 마리 퀴리밖에 없습니다. 그녀는 남편 피에르와 함께 우라늄(피치블렌드) 광석에서 그때까지 발견되지 않았던 원소인 폴로늄과 라듐을 발견했습니다. 이 두 원소는 최초로 발견된 방사성 원소입니다. 하지만 당시에는 방사성 물질이 얼마나 위험한지 알려지지 않았습니다. 안타깝게도 마리 퀴리는 평생을 바쳐 연구한 방사성 물질 때문에 병에 걸려 죽고 말았습니다.

빌헬름 뢴트겐 (독일, 1845~1923)

빌헬름 뢴트겐은 방사선을 연구하던 중에 우연히 엑스선을 발견했습니다. 그리고 이 광선은 피부는 통과하지만 뼈는 통과하지 못한다는 사실도 알게 되었지요. 엑스선의 발견으로 의사들은 해부를 하지 않고도 환자의 몸속 상태를 알 수 있게 되었습니다. 빌헬름 뢴트겐은 누구나 활용해야 한다며 엑스선에 관한 특허를 신청하지 않았습니다. 그는 1901년에는 노벨 물리학상을 받았는데, 상금은 대학에 모두 기부했습니다.

시어도어 메이먼 (미국, 1927~2007)

시어도어 메이먼은 루비 양쪽에 거울을 세워 두고 강렬한 빛을 만들어 냈습니다. 이 빛은 레이저이며, 가시광선과 달리 하나의 파장으로 이루어져 있어 강하고 퍼지지 않으며 널리 전달되는 특징이 있었습니다. 레이저는 현재 CD나 블루레이 같은 광매체를 읽고 쓰거나, 광통신망, 미용, 각막 수술, 암 치료, 레이저 절단 등 광범위한 분야에 널리 사용되고 있습니다.

알렉산더 그레이엄 벨 (미국, 1847~1922)

알렉산더 그레이엄 벨은 어머니가 청각 장애인이었기 때문에 의사소통 기술에 대해 관심이 높았습니다. 그는 조수와 함께 전선을 통해 소리를 전달하는 실험을 하다가 우연히 전화 통화에 성공했습니다. 벨이 전화를 발명한 비슷한 시기에 여러 발명가가 전화기를 만들기 위해 경쟁하고 있었습니다. 지금도 전화기를 누가 가장 먼저 발명했는지는 논란이 많지만, 알렉산더 그레이엄 벨이 가장 먼저 특허를 받은 덕분에 전화기의 발명가로 이름을 남기게 되었습니다.

지식 플러스
이 책에 나온 발명가들

알렉산더 플레밍 (영국, 1881~1955)

1929년, 알렉산더 플레밍은 미생물을 연구하다가 이상한 현상을 발견했습니다. 병원균을 키우는 접시에 실수로 푸른곰팡이가 들어갔는데, 그 주변에는 병원균이 자라지 못한 것입니다. 그는 푸른곰팡이가 병원균이 자라지 못하게 하는 만드는 물질을 발견하고 이를 '페니실린'이라고 이름 붙였습니다. 페니실린은 최초의 항생제로, 당시 전쟁에서 다친 수많은 군인의 목숨을 구했습니다. 플레밍은 페니실린의 발견으로 1945년 노벨 생리학 및 의학상을 받았습니다.

에드워드 제너 (영국, 1749~1823)

1760년대 에드워드 제너는 소젖을 짜는 여자들은 천연두에 걸리지 않는다는 소문을 듣고 이를 조사했습니다. 그는 소짜는 여자들이 젖소에게서 우두를 옮아서 앓은 적이 있다는 것을 알아냈습니다. 제너는 이를 바탕으로 한 소년에게 우두 고름을 주입하고 우두에 감염시켰지만 소년은 우두에 걸리지 않았습니다. 그 후 그 아이에게 천연두에도 감염시켰지만 천연두에도 걸리지 않았습니다. 이렇게 개발된 백신은 많은 사람의 생명을 구했고, 천연두를 지구에서 사라지게 했습니다.

요하네스 구텐베르크 (독일, 1398~1468)

구텐베르크가 인쇄기를 발명하기 전에는 책은 희귀하고 비싼 물건이었습니다. 양피지에 잉크와 펜을 이용해 직접 글자를 쓰다보니 책 한 권을 만드는 데에 아주 오랜 시간이 걸렸지요. 구텐베르크는 금속 활자를 나무틀에 늘어놓은 다음 잉크를 묻혀 종이에 세게 압착해서 인쇄하는 방식이었지요. 그가 개발한 인쇄기 덕분에 책이 널리 보급되면서 사람들이 지식과 정보들을 빠르게 나눌 수 있게 되었습니다.

월리스 캐러더스 (미국, 1896~1937)

미국의 화학회사 뒤퐁에서 일하던 월리스 캐러더스는 나일론이라는 인공 섬유를 발명했습니다. 나일론은 신축성이 뛰어나고 부드러우며 물의 온도에 영향을 받지 않아 칫솔모, 수술용 실, 스타킹 등 다양한 제품을 만드는 데 널리 사용되었습니다. 하지만 발명자인 캐러더스는 나일론이 성공을 거두기 전에 세상을 떠나 안타깝게도 부와 명성을 누리지 못했습니다.

조지 스티븐슨 (영국, 1781~1848)

최초의 증기 기관차는 철도를 달리다가 자주 멈춰야 했습니다. 당시 철로의 재료로 쓰이던 주철이 증기 기관차의 무게를 견딜 수 없었기 때문입니다. 조지 스티븐슨은 어렸을 때부터 아버지를 따라 탄광에서 기관부 일을 하며 자연스럽게 증기 기관에 관한 여러 지식을 익혔습니다. 그 무렵 기술의 발달로 높은 강도의 철로가 등장했고, 1815년 스티븐슨은 아들과 함께 로켓호를 개발하여 본격적인 증기 기관차 시대를 열었습니다.

찰스 배비지 (영국, 1791~1871)

찰스 배비지가 살던 시기는 복잡한 계산을 모두 사람들이 일일이 손으로 했습니다. 그래서 실수로 인한 사고가 일어나곤 했습니다. 그는 이 문제를 해결하기 위해 증기 기관의 힘으로 작동하는 기계식 계산기인 '차분 기관'을 만들었습니다. 그리고 이후에는 더 복잡한 계산을 수행할 수 있는 '해석 기관'도 설계했습니다. 이것이 최초의 컴퓨터였습니다. 하지만 배비지가 살던 시대에는 어마어마한 비용과 기술의 한계로 인해 실제로 만들어지지는 못했습니다.

토머스 에디슨 (미국, 1847~1931)

토머스 에디슨은 세계에서 가장 많은 발명을 한 사람으로 유명합니다. 어린 시절부터 과학 실험에 관심이 많았고, 영리한 사업가 기질을 가지고 있었습니다. 특히 전기에 관심이 많았는데, 그가 발명한 가장 유명한 발명품은 백열전구입니다. 에디슨 이전에도 백열전구는 있었지만, 열이 많이 발생하였고, 금방 못 쓰게 된다는 단점이 있었습니다. 그는 기존의 백열전구를 개선하여 40시간 동안 불을 밝히는 백열전구를 만들었고, 상업적인 성공을 거두었습니다.

팀 버너스 리 (영국, 1955~)

팀 버너스 리는 유럽 입자 물리 연구소에서 일하던 중, 컴퓨터를 이용해 정보를 공유하는 방법을 고민했습니다. 그는 하나의 링크를 클릭하여 더 많은 정보를 검색할 수 있는 시스템인 하이퍼텍스트를 발명했습니다. 그리고 곧이어 월드와이드웹(WWW)이라는 전 세계 사람들이 정보를 공유할 수 있는 공간이 탄생했고, 최초의 웹브라우저도 만들어졌습니다. 팀은 자신의 발명품에 특허를 내지 않고 모든 사람이 자유롭게 사용하도록 했습니다. 그 후 인터넷은 급속도로 발전했습니다.

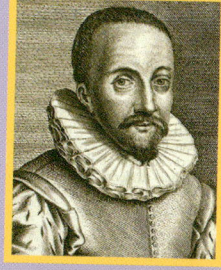

한스 리퍼세이 (네덜란드, 1570~1619)

안경 제작자였던 한스 리퍼세이는 볼록렌즈와 오목렌즈를 함께 사용하면 물체가 마치 가까이 있는 것처럼 크고 선명하게 보인다는 사실을 발견했습니다. 그는 이 원리를 이용해 망원경을 만들었습니다. 그가 만든 망원경은 물체를 3배 정도 크게 볼 수 있었습니다.

험프리 데이비 (영국, 1778~1829)

마취제가 발명되지 않았던 때에 수술은 고문이나 다름없었습니다. 당연히 사람들은 수술을 하지 않으려고 했습니다. 1800년, 영국의 화학자였던 험프리 데이비가 아산화질소를 흡입하면 기분이 들뜨게 되고 감각이 무뎌진다는 것을 발견했습니다. 아산화질소는 마신 사람의 얼굴 근육에 경련을 일으켜 마치 웃는 것처럼 보인다 하여 '웃음가스'라고 불렸습니다. 그의 발견은 마취제의 발명으로 이어졌고, 많은 사람이 통증 없이 수술을 받을 수 있게 되었습니다.

초등학생을 위한 지식습관⑰ 발명 30

글 | 마이크 골드스미스 그림 | 크리스 앤더슨
옮김 | 송지혜 감수 | 이정모

1판 1쇄 인쇄 | 2023년 7월 3일
1판 1쇄 발행 | 2023년 7월 18일

펴낸이 | 김영곤
이사 | 은지영
영상사업1팀 | 김종민
아동마케팅영업본부장 | 변유경
아동마케팅1팀 | 김영남 황혜선 이규림 정성은
아동영업팀 | 한충희 강경남 오은희 김규희 황성진
편집 | 꿈틀 이정아 이정화 북디자인 | design S 손성희 제작 관리 | 이영민 권경민

펴낸곳 | (주)북이십일 아울북
등록번호 | 제406-2003-061호 등록일자 | 2000년 5월 6일
주소 | 경기도 파주시 회동길 201(문발동) (우 10881)
전화 | 031-955-2128(기획개발), 031-955-2100(마케팅·영업·독자문의)
팩시밀리 | 031-955-2421
브랜드 사업 문의 | license21@book21.co.kr
이미지 | 위키미디어 92, 93, 94, 95

ISBN 978-89-509-4637-1 74370
ISBN 978-89-509-0007-6 74370(세트)

Inventions in 30 Seconds
Text: Mike GoldSmith, Illustrations: Chris Andersen
Copyright ⓒ 2014 Quarto Publishing plc
First published in the UK in 2014 by Ivy Kids, an imprint of The Quarto Group.
All rights reserved.

Korean translation ⓒ 2023, Book21
This edition is published by arrangement with Quarto Publishing plc through KidsMind Agency, Korea.
이 책의 한국어판 저작권은 키즈마인드 에이전시를 통해 Quarto Publishing plc와 독점 계약한 북이십일에 있습니다.
신 저작권법에 의해 한국 내에서 보호를 받는 저작물이므로 무단전재와 복제를 금합니다.

·잘못 만들어진 책은 **구입하신 서점**에서 교환해 드립니다.

- 제조자명: (주)북이십일
- 주소 및 전화번호: 경기도 파주시 회동길 201(문발동) / 031-955-2100
- 제조연월: 2023. 7. 3.
- 제조국명: 대한민국
- 사용연령: 3세 이상 어린이 제품

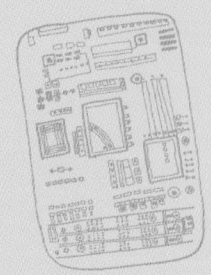

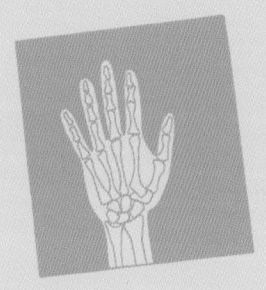
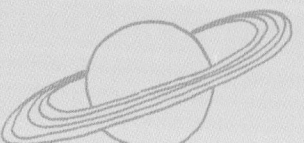
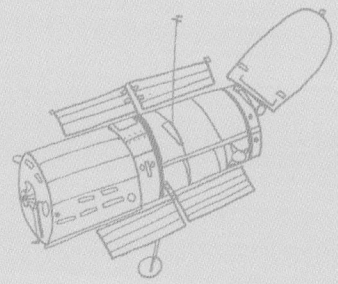
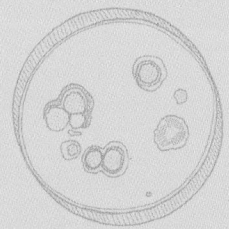